«Québec
comme
bondissement
de comète»

Cet ouvrage est dédié aux personnes
qui contribuent à la promotion de la culture
d'expression française dans le monde.

« Québec
comme
bondissement
de comète »

Anthologie
de poésie
québécoise

Sous la direction
de **Roger Chamberland**

Avec la collaboration
de **Vincent Nadeau**
et de **Patrick Roy**

UNIVERSITÉ
LAVAL

Une initiative de l'Université Laval

LE SAVOIR
QUI FAIT L'HISTOIRE
150ᵉ et 340ᵉ

PHOTOGRAPHIES : **Brigitte Ostiguy**
Marc Robitaille
Renée Méthot

GRAPHISME : **Norman Dupuis inc.**

COLLABORATION SPÉCIALE
À LA COORDINATION
ET AU FINANCEMENT DU PROJET : **Vice-rectorat au développement**
de l'Université Laval

REMERCIEMENTS

L'Université Laval remercie tous les éditeurs
et les poètes qui ont accepté la reproduction
de leurs textes.

ISBN 2-9801669-7-9

Dépôt légal - Bibliothèque nationale du Québec, 2002
Dépôt légal - Bibliothèque nationale du Canada, 2002

COUVANT SOUS LA CALOTTE GLACIAIRE et les eaux originelles depuis des temps immémoriaux, après les migrations inuites, amérindiennes, vikings, basques, la Nouvelle-France allait voir le jour au pays du Québec et rayonnerait de l'océan Atlantique aux montagnes Rocheuses et au golfe du Mexique. 1535 : le Breton Jacques Cartier, en quête d'une Asie fabuleuse mais évanescente, explore le golfe puis le fleuve Saint-Laurent, hiverne à Québec après avoir poussé jusqu'à Montréal. François Ier, alléché, confie au sieur de Roberval une éphémère entreprise de colonisation. En 1608, le Saintongeois Samuel de Champlain fonde la ville de Québec. Le premier évêque, François de Laval, se voit confier en 1663 la mission d'établir ce grand séminaire qui donne naissance à l'université éponyme de 1852. Devenue l'une des grandes institutions canadiennes de recherche, particulièrement fière de plus de 200 programmes de maîtrise et de doctorat, forte de ses 35 000 étudiants, cette Université Laval aux racines profondes, partenaire de l'Association internationale des études québécoises, de la Bibliothèque nationale du Québec, de L'Institut Canadien de Québec et du ministère des Relations internationales du gouvernement québécois, vous convie aujourd'hui à la découverte d'une vibrante poésie d'Amérique, moulée au creuset de la langue française.

La Faculté des lettres vous accueille, mettant à votre disposition ses départements de géographie, d'histoire, d'information et communication, de langues, linguistique et traduction, des littératures et son École des langues vivantes. Elle vous propose ses revues *Études littéraires*, *L'année francophone internationale*, *Québec français*, son Centre interuniversitaire d'études sur les lettres, les arts et les traditions, son Centre interuniversitaire d'études québécoises, son Centre interdisciplinaire de recherche sur les activités langagières, son Centre de recherche en littérature québécoise, la Chaire pour le développement de la recherche sur la culture d'expression française en Amérique du Nord, l'Institut sur le patrimoine culturel et la Chaire UNESCO sur le patrimoine.

Le Département des littératures, où sont rattachés Roger Chamberland et Vincent Nadeau à titre de professeurs titulaires, contribue de façon notoire à l'établissement et à l'étude du corpus de la littérature québécoise. Le monumental *Dictionnaire des œuvres littéraires du Québec* (6 tomes) le démontre largement, ainsi que les 4 volumes de *La vie littéraire au Québec* et le *Panorama de la littérature québécoise contemporaine*.

À plusieurs reprises lors de rencontres internationales, les interlocuteurs de l'Université Laval ont marqué leur soif de découvrir les grands courants de la poésie québécoise. L'anthologie *Québec comme bondissement de comète* cherche à répondre aux vœux de celles et ceux qui rêvent de connaître et de faire connaître la culture nord-américaine d'expression française.

Québec
comme bondissement de comète

LA POÉSIE EST AU CŒUR DE TOUTE CULTURE : elle porte les signes du territoire qu'elle désigne, elle témoigne de la vitalité d'un peuple et elle manifeste l'essence même de ceux et celles qui habitent un pays. Au Québec, elle est apparue discrètement, empruntant aux courants classiques de la poésie française, avant de trouver une voie autonome et singulière grâce à laquelle on peut dorénavant saisir le pouls de ses poètes et les divers courants de pensée qui agitent la société.

Dès l'arrivée des premiers habitants en Nouvelle-France, on commence à faire paraître de la poésie, alors considérée comme un divertissement exclusive-ment publié dans les journaux et les magazines pour distraire ou pour amuser. Nous devrons attendre 1830 avant que ne paraisse le premier recueil signé par Michel Bibaud.

L'École littéraire de Québec, le premier mouvement d'importance, naît à Québec, la ville, et privilégie la publication d'œuvres où patriotisme et religion devien-nent les leitmotiv d'une poésie qui se fait volontiers le porte-parole du sentiment national et de la foi catholique. Ce n'est qu'une dizaine d'années plus tard, avec la création de l'École littéraire de Montréal, composée d'un groupe d'esthètes qui se réunissent régulièrement au Château de Ramezay afin de discuter d'art et de littérature et entendre le lecture de poèmes, qu'apparaît celui qui allait devenir le premier grand poète moderne québécois, un mythe marqué par le destin et la folie. Émile Nelligan, né en 1879, écrit toute son œuvre entre 1896 et 1899, date à laquelle sa mère signe son enfermement asiliaire. Publiées en 1903, ses *Poésies complètes* révèlent un poète qui a su intégrer ses lectures, aussi bien Baudelaire, Poe que Rollinat, Rodenbach, les Parnassiens et les Décadents. Une polarisation s'effectue au sein de l'École littéraire de Montréal qui était restée jusque-là sans credo littéraire. D'un côté on retrouve les «intimistes universalistes», aussi connus sous le nom d'exotiques ou de parisianistes, de l'autre, les terroiristes ou régionalistes. Les premiers défendent la théorie de l'art pour l'art et s'intéressent aux nouveaux courants poétiques parisiens. Certains d'entre eux, comme Marcel Dugas, fréquentent même le salon de la comtesse de Noailles lors de leurs séjours en France et publient chez des éditeurs parisiens. Les terroiristes, également nommés régionalistes, s'inscrivent directement dans la descendance du courant nationaliste omniprésent au siècle précédent et récupéré par les tenants de l'ultramontanisme. Leur espace est circonscrit par leur regard : de grands champs verdoyants, segmentés de clôtures, des croix de chemin et parfois le fleuve Saint-Laurent ; leur territoire : les lieux du culte avec leurs accessoires ; et le maître suprême : Dieu.

Après la Deuxième Guerre mondiale, la poésie québécoise connaît une évolution et une transformation radicales. C'est avec Alain Grandbois, Hector de Saint-Denys Garneau, Anne Hébert, Paul-Marie Lapointe et Roland Giguère principalement, qu'un changement sensible, une nette brisure du discours poétique est observée. La guerre et ses épiphénomènes sociaux, économiques, culturels et esthétiques ont modifié les conditions de production de la littérature. Montréal, momentanément devenue la capitale de l'édition du livre d'expression française, a favorisé la levée d'une domination séculaire du clergé sur la publication et la diffusion de la littérature. Dans une certaine mesure, tout devenait permis. En quelques années, le Québec passait d'un modèle de société précapitaliste ou agraire à celui d'une société industrielle dont la structure techno-économique donnait accès aux loisirs et à la consommation. Cette mutation s'est également fait sentir par le passage de la campagne à la ville, d'un monde fermé à un monde ouvert, éclaté. D'un seul coup, le poète passait d'un domaine d'évidences et de certitudes à celui des grandes remises en question, du doute et de la recherche fondamentale, comme l'exprimait Alain Grandbois par exemple.

Dès 1937, Hector de Saint-Denys Garneau, né dans la région de Québec, fait paraître *Regards et jeux dans l'espace*, un recueil audacieux qui rompt avec la tradition poétique et affiche une recherche d'absolu soutenue par une angoisse

existentielle décriée par une critique littéraire encore do-
minée par la pensée catholique. L'impossibilité d'être libre-
penseur pèse lourdement sur les poètes et de Saint-Denys
Garneau n'a d'autre choix que de retirer son recueil du
marché et de se réfugier dans un silence qui le conduit à
une mort prématurée en 1943, alors qu'il est âgé d'à peine
trente et un ans. Ce sombre destin en fait une figure légen-
daire, mais son œuvre aura ouvert toute grande la voie à

ceux qui viendront peu après.

Bien des recueils de l'après-guerre sont marqués du
sceau d'une métaphysique et d'une quête spirituelle qui
ne concernent pas seulement l'être, mais que l'on
transpose également sur le langage, prolongeant ainsi la
pratique surréaliste. La forme elle-même est mise en
déroute, libérée des contraintes de la versification : on
ne rime plus. Les influences surréalistes, dadaïstes et la
pensée humaniste trouvent des assises profondes et
fécondes ; les poètes prennent conscience, dans l'exploration d'un langage et d'une forme inédits, de la condition existentielle de l'homme québécois et de son
inconscient.

En 1953, les Éditions de l'Hexagone deviennent un
lieu de rassemblement pour une poésie véritablement
québécoise dans la mesure où la poésie de la décennie
1950 essaie de résoudre «ses contradictions intérieures
dans la position d'angoisse et d'écartèlement où [la] place
son destin» (Gaston Miron, «Situation de notre poésie», *La
Presse*, 22 juin 1957, p. 70). Un tel constat favorise la prise de
conscience d'une double colonisation, politique et culturelle.

Le pays rêvé, vécu, occupe une large part du discours poétique du début des années 1960 et se mêle souvent aux accents existentiels, foncièrement lyriques, de ceux et celles qui ont pris en charge le collectif québécois. On cherche à s'enraciner à même le terreau natal ; ainsi les poètes de conscience nationale, prenant le relais des régionalistes du début du siècle, se font les chantres du pays, souvent largement associé à la femme. Dépossédé de son pays, de son corps et de son langage, le poète peut écrire : « Je ne sais plus parler je ne sais plus dire la poésie n'existe plus que dans les livres anciens… » avoue Paul Chamberland dans *L'afficheur hurle* (1963). Nié par la religion dans son propre corps, par le politique dans sa langue et son territoire, l'écrivain se voit forcé de tout recommencer, de se réapproprier son espace intérieur et extérieur vital. La poésie de cette époque, du moins jusque vers les années 1965-1966, joue le rôle de catalyseur dans la montée du sentiment national et de l'affirmation d'être Québécois, comme on peut l'observer dans les poèmes de Gaston Miron, diffusés dans les périodiques mais colligés en 1970 sous le titre éloquent de *L'homme rapaillé*, dont le poème éponyme met en évidence la problématique :

J'ai fait de plus loin que moi un voyage
abracadabrant
Il y a longtemps que je ne m'étais pas revu
Me voici en moi comme un homme dans sa maison
qui s'est faite en son absence
je te salue, silence
je ne suis pas revenu pour revenir
je suis arrivé à ce qui commence

Miron est l'un des poètes les plus importants de la poésie québécoise ; c'est avec lui que l'engagement politique interpelle le lyrisme amoureux avec une conscience inédite et singulière de la réalité québécoise. Le discours politique et la prise de possession du territoire teintent fortement les recueils de bien d'autres auteurs qui partagent cette même préoccupation, comme Fernand Dumont, professeur de sociologie à l'Université Laval.

Durant cette décennie, le Québec s'engage dans une autre phase de sa modernisation : c'est l'ère de l'État-providence, de l'établissement d'une structure administrative de taille, du plein emploi, bref de la prospérité économique. Un vaste mouvement d'émancipation et de libéralisation frappe le continent.

À la fin des années 1960, on choisit de mettre en scène le texte poétique et l'on dévoile les mécanismes de l'imaginaire. Aucun mode de production et d'expérimentation n'est négligé, de la boîte de conserve contenant des rondelles de carton frappées d'un texte, du recueil à variantes mobiles, des cartes d'affaires «poétiques», les poèmes-affiches, genre dazibao, jusqu'au recueil composé par un ordinateur programmé, sans oublier un ensemble de poèmes conçus selon le principe de la musique dodécaphonique ou sérielle. Tout devient recherche, tant visuelle que sonore, parce que l'on tente d'affranchir le langage de tous les interdits qui le musellent et des normes de la communication poétique.

Les jeunes écrivains, de plus en plus scolarisés, fondent leur écriture sur le potentiel des associations verbo-sonores et sur la matérialité du texte afin de pratiquer une opération sur la signification du langage dans un contexte référentiel où les fragments linéaires atteignent un niveau d'abstraction qui magnifie la forme pour donner à lire la logique des relations et l'efficacité de la proposition réalisée. Ainsi est mise en place une fonction méta-discursive : support d'une valeur théorique, le texte module d'une manière rhétorique, comme stimulation sensorielle, une lecture polymorphe et proliférante. L'écriture ne représente pas la réalité, elle la déjoue. Cette tendance dénommée « formaliste » culmine durant les années 1970.

Une modification du champ poétique est très visible, particulièrement à partir du milieu de cette décennie : la parole des femmes altère la relation du sujet à l'objet et propose la prise en charge d'un langage sexué, largement investi de la problématique féministe. Dorénavant une large part de la production poétique tient compte du rapport homme/femme à travers le corps et le vécu. C'est ce corps socialisé, celui de France Théoret, Madeleine Gagnon, Nicole Brossard, Yolande Villemaire, qui prend la parole avec ses exigences et ses contraintes. Refusant les dogmes littéraires, imposés par les hommes soutiennent-elles, elles exploitent, avec un souci évident de faire faux bond à tout ce qui les associerait au discours mâle, la dimension de leur « féminitude » (corps, rapport au monde, au travail, conditionnement atavique…).

Cet imaginaire passe dorénavant par ce corps socialisé, conjonction de tous les pouvoirs qui travaillent l'écriture. Ce discours poétique centré sur le «moi» s'active également à travers un lyrisme régénéré où l'intime se mêle au quotidien, à la réflexion philosophique et au mal de vivre. Avec les années 1980, la poésie québécoise retourne à des modes d'énonciation qui se laissent lire beaucoup plus facilement et délaisse les préoccupations formalistes omniprésentes. Il s'agit d'une nouvelle figuration du réel où le discours amoureux, la mélancolie, l'angoisse devant le nouvel état des sociétés se manifestent très souvent dans des effets de retournement critique où l'urgence du dire sous-tend une plus grande conscience de l'histoire et de l'écriture, une façon d'appréhender le réel dépourvue de tout caractère d'absolu mais affirmant une plus grande subjectivité. Si le narcissisme, par son caractère de retour sur soi, sa force centripète, caractérisait la période 1970-1980, l'exhibitionnisme devient la pierre de touche d'une large production poétique. En devenant exhibitionniste, le texte — notion qui détermine bien l'hybridation des genres — développe la sur-conscientisation du culte de l'expression à travers des dispositifs de régulation d'images fondées sur l'anecdote quotidienne et urbaine, et sur la séduction.

Dorénavant, la poésie s'oriente vers une lecture sensible, informée à l'extrême, parcourue d'un réseau d'intertextes, de citations et de références littéraires et culturelles de toutes sortes, de la réalité que l'on traque dans sa plus totale banalité. La parole poétique devient beaucoup plus narrative, syncopée, largement dissymétrique. Elle se lie aux cultures nouvelles tout en empruntant pêle-mêle des données factuelles au passé de façon à surmultiplier les effets de réel. Le texte poétique s'écrit et s'inscrit dans sa propre image ; il s'établit une vaste correspondance entre les écrivains d'ici ou d'ailleurs, de maintenant ou des générations précédentes. Les recueils abondent de références culturelles et de filiation littéraire au moyen de la citation, de la dédicace et de la dénomination. L'écriture est habitée par le contexte d'émancipation et de production du discours, et par le discours lui-même. Tout devient d'une extrême signifiance ; l'on procède à l'observation et à la codification périphériques (la réalité), mnémoniques (les cultures passées, présentes, futures) et proxémiques (l'intime, le vécu momentané) du temps et de l'espace de la genèse du texte. Plus que jamais scénographie du réel, et son hologramme, l'expérience de l'écriture devient une performance et se produit publiquement comme telle.

La jeune poésie est également de plus en plus présente ; les jeunes poètes parviennent de mieux en mieux à se faire publier chez certains éditeurs qui ont destiné une de leurs collections à la nouvelle écriture. Cette poésie opte pour une plus grande lisibilité, une prose fortement marquée de lyrisme où passe très souvent un sentiment de vide et d'angoisse existentiels, mais où se dessine aussi parfois une quête métaphysique. Cette poésie se pose les mêmes questions que celles de leurs aînés vis-à-vis de la pérennité de l'existence, à la différence près que ce questionnement est beaucoup plus près de la réalité quotidienne, de ce qui se vit dans l'ici et le maintenant, dans les conditions souvent désastreuses que sont le chômage, les études menant à des emplois précaires, la pauvreté, l'environnement menacé par la pollution, les conflits mondiaux, l'éclatement de la famille, la solitude, la difficulté d'établir des relations durables avec qui que ce soit et, bien sûr, les maladies de cette fin de siècle. Les années 1980-1990 sont celles du désenchantement et de l'expectative, parce que l'héritage des générations précédentes est plutôt fragile, piégé à la base. Le contexte global de l'Occident est tel qu'il est difficile d'y déceler une quelconque avenue de libération.

Toutefois, les années 1990 apportent un nouveau souffle : l'instant présent, le moment fugace, le bonheur partagé sont les principales dominantes. Les projets collectifs, sociaux, politiques sont révolus ; tout se passe au temps présent et en ces lieux. Le futur est aboli, il est antérieur et se vit au présent. Il semble bien que toutes les valeurs relatives à l'intime, dont le moteur premier serait le corps, aient forme et force. Entendons ici qu'il ne s'agit pas du corps à libérer de ses entraves religieuses séculaires ; il s'agit plutôt d'une nouvelle attitude où la mesure des sentiments, des rapports parentaux, de l'ordre caché des choses s'enracine dans une expérience où le corps devient un prisme de diffraction de la réalité.

Désormais, ce retour vers soi crée un lien sensible à partir de l'expérience intime de l'être confronté au monde. Ainsi les moindres mouvements de la vie privée engendrent une résonance universelle qui implique une remise en question de la présence même du poète. Alors que certains poètes traduisent cette position d'étrangeté à l'égard du monde actuel à travers la révolte ou le questionnement philosophique, d'autres se tournent désormais vers une conscience des valeurs de nature spirituelle. À une époque où la confusion sociale et individuelle bouleverse un bon nombre d'individus, la foi représente peut-être, pour certains, une réponse immédiate possible, le retour du pendule d'une condition qui a marqué les débuts de la poésie.

Les enjeux de la poésie québécoise se sont déplacés depuis le milieu des années 1950 et ont acquis, dans leur forme et leur sens, une grande diversité. La mise en valeur des problématiques nationales, contre-culturelles, la réappropriation du politique, du corps et du texte ont été délaissées au profit d'un éclectisme plus intégré, ouvert aux possibles tant poétiques que narratifs, les deux interagissant dans une textualité inédite. De moins en moins assujettie aux réseaux idéologiques et théoriques qu'ont cristallisés les écritures des décennies 1960-1970, la fiction poétique contemporaine établit une rhétorique de l'émotion et de la pensée, où la quotidienneté, la sexualité, l'ironie s'affichent sans contrainte, souvent de façon iconoclaste, sur un fond de décor urbain.

L'activité poétique est toujours en pleine ébullition : on publie plus d'une centaine de recueils annuellement depuis le début des années 1970 ; les récitals se multiplient dans les cafés et les bars de Québec et rallient un auditoire averti et intéressé ; le Festival international de la poésie, à Trois-Rivières, rassemble chaque année des poètes de partout dans le monde qui, pendant une semaine, envahissent la ville et se produisent dans bon nombre de lieux publics tant officiels qu'inusités. La poésie descend dans la rue et rejoint le public profane maintenant habitué à voir les murs, les panneaux d'autobus et les réverbères pavoisés par des poèmes. Dans la même foulée, l'enseignement de la création littéraire en milieu universitaire, où l'Université Laval est très active, permet à des dizaines d'étudiants et d'étudiantes de tous les cycles de se familiariser avec l'écriture poétique, comme ce fut le cas d'Hélène Dorion dont les œuvres sont maintenant publiées dans diverses langues un peu partout dans le monde.

Cette anthologie de la poésie québécoise offre un paronama du paysage poétique québécois dont le parcours permet de saisir le dynamisme et l'engouement toujours actuels pour ce genre littéraire. Si la ville de Québec est considéré comme le berceau de l'Amérique, il a aussi été le foyer d'émergence de la poésie; il est donc naturel que l'Université Laval, qui est la première université francophone en Amérique, participe à la diffusion de ces poèmes qui enrichissent le patrimoine de la littérature universelle.

Roger Chamberland
Professeur titulaire
Département des littératures

Un parcours
de la poésie
québécoise

Eudore ÉVANTUREL
(1 8 5 2 - 1 9 1 9)

Né à Québec, Eudore Évanturel, fils de ministre, publie ses *Pre-mières poésies* en 1878. Le recueil fait scandale et, plutôt que de répliquer, l'auteur choisit le silence. En 1879 débute un exil aux États-Unis qui ne s'achève qu'en 1887, année où il devient archiviste au Secrétariat de la province. L'année suivante, il réédite ses *Premières poésies,* retranchant les poèmes d'amour et atténuant plusieurs textes. Influencé par Musset et Verlaine, il se distingue de ses contemporains par la sobriété et le dépouillement de son écriture. Il meurt à Boston, négligé et laissant derrière lui une œuvre brève mais en quelque sorte moderne avant la lettre.

Pinceaux et Palette

III

Un beau salon chez des gens riches,
Des fauteuils à la Pompadour,
Et, çà et là, sur les corniches,
Des bronzes dans un demi-jour.

Des œillets blancs dans la corbeille
Tombée au pied d'un guéridon.
Un Érard ouvert de la veille,
Une guitare, un violon.

Une fenêtre. Un rideau rouge.
Et sur un canapé de crin,
Un enfant qui dort. Rien ne bouge.

Il est dix heures du matin.

(*Premières poésies*)

Charles GILL
(1 8 7 1 - 1 9 1 8)

Natif de Sorel, Charles Gill est d'abord attiré par la peinture et effectue deux séjours à Paris afin de perfectionner son art. De retour au Québec, il peint et enseigne le dessin avant de se joindre à l'École littéraire de Montréal. Il s'exerce alors à la forme fixe et publie ses poèmes dans divers journaux et revues. À partir de 1906, il s'attaque à un projet de taille : écrire une épopée du Saint-Laurent qui supplanterait les fresques de Louis Fréchette. Une suite de déboires personnels empêche Gill de terminer son *Cap Éternité,* mais c'est tout de même cette allégorie posthume qui lui assure une certaine pérennité.

Le Cap Éternité
(chant neuvième)

[...]

Quand sur le sol Laurentien seront passés
Des jours dont le calcul nous entraîne au vertige ;
Sur les sables mouvants quand seront effacés
Notre éphémère empreinte et nos derniers vestiges ;
Quand nous aurons été par d'autres remplacés,
Et, quand à leur déclin, le vent des cimetières
Aura sur d'autres morts roulé d'autres poussières ;
Plus loin dans l'avenir, peuples ensevelis,
Quand le linceul du temps vous aura dans ses plis ;
Après votre néant, quand d'autres millénaires
Sur d'autres vanités tendront d'autres oublis,
Le Cap sera debout sur les eaux solitaires,
Debout sur les débris des nations altières ;
Le Cap Éternité dressé sur l'Infini
Sera debout dans son armure de granit.
Oh! combien de destins, dans les nuits infernales,
Auront subi l'assaut des tourmentes fatales !…

3

Que verra-t-il, dans l'avenir mystérieux ?
Quels déclins ! mais aussi quels essors merveilleux
D'audace et de calcul, quel art, quelle magie,
Quelles éclosions de patient génie,
Et quels profonds secrets conquis sur l'inconnu !
Verra-t-il au ciel bleu l'homme enfin parvenu,
Planer en sûreté sur ses ailes rigides
Ou frôler l'eau qui dort sans y laisser de rides ?...
Que verra-t-il dans l'avenir ? quels monuments
D'orgueil et de laideur, et quels effondrements ?...
La prospère beauté des campagnes fertiles
Au loin remplacera la beauté des forêts.
Après des ans, des ans, les antiques guérets
Feront place aux pavés assourdissants des villes :
Où vibraient des chansons, sourdront des
clameurs viles ;
Où bruissaient les pins, sonneront les louis d'or.
Au grand mot de « progrès » qui servira d'excuse,
Les peuples se fieront à des hommes de ruse
Qui viendront établir, par leur œuvre de mort,
Le règne de la force et du mercantilisme ;
Et ce sera l'oubli des siècles d'héroïsme.
Mais l'humaine pensée, à l'antique idéal
Offrira le retour d'un âge moins pratique.
Mourant d'avoir cherché le bien-être physique,
Les hommes chercheront le bien-être moral.
Les brutales laideurs du fer et de la suie
Se perdront aux lointains de leur époque enfuie,
Et les canons affreux pour longtemps se tairont,
Car, las de se tuer, les peuples s'aimeront.
Puis, les déclins retourneront aux origines,
Et la forêt reverdira sur les ruines.

4

Le sort confondra tout dans ses antiques lois,
  Et tout sera joyeux comme aux jours d'autrefois...
  Et pendant tout ce temps, majestueux emblème,
  Le Cap Éternité demeurera le même!

(Le Cap Éternité et les Abénaquis)
© Éditions Hurtubise HMH, 1997.
(Coll. « Les Cahiers du Québec »)

Émile NELLIGAN
(1 8 7 9 - 1 9 4 1)

Né à Montréal, Émile Nelligan est malgré lui devenu un mythe, le Rimbaud de la littérature québécoise. Hanté aussi bien par Baudelaire et les décadents que par la musique de Chopin, il a su transcender ses influences européennes et livrer une poésie singulière où folie et rêve se côtoient et où le travail formel rigoureux se marie à une douleur exacerbée. Génie tourmenté ou visionnaire adolescent, il rompt avec les thèmes nationaux et historiques et, à cheval entre un réel qu'il supporte mal et un idéal de pureté inatteignable, détonne parmi ses contemporains. Interné à l'âge de vingt ans pour cause de «dégénérescence mentale», il dépérit jusqu'à sa mort dans des institutions psychiatriques. Sa voix tragique et tout entière vouée à l'art a fait de lui notre premier grand créateur et, encore aujourd'hui, il exerce une fascination qui semble ne pas vouloir se démentir.

Le Vaisseau d'Or

C'était un Vaisseau taillé dans l'or massif.
Ses mâts touchaient l'azur sur des mers inconnues;
La Cyprine d'amour, cheveux épars, chairs nues,
S'étalait à sa proue, au soleil excessif.

Mais il vint une nuit frapper le grand écueil
Dans l'Océan trompeur où chantait la Sirène,
Et le naufrage horrible inclina sa carène
Aux profondeurs du Gouffre, immuable cercueil.

Ce fut un Vaisseau d'Or, dont les flancs diaphanes
Révélaient des trésors que les marins profanes,
Dégoût, Haine et Névrose ont entre eux disputés.

Que reste-t-il de lui dans la tempête brève ?
Qu'est devenu mon cœur, navire déserté ?
Hélas ! Il a sombré dans l'abîme du Rêve !

(Poésies complètes)

Un poète

Laissez-le vivre ainsi sans lui faire de mal !
Laissez-le s'en aller ; c'est un rêveur qui passe ;
C'est une âme angélique ouverte sur l'espace,
Qui porte en elle un ciel de printemps auroral.

C'est une poésie aussi triste que pure
Qui s'élève de lui dans un tourbillon d'or.
L'étoile la comprend, l'étoile qui s'endort
Dans sa blancheur céleste aux frissons de guipure.

Il ne veut rien savoir, il aime sans amour.
Ne le regardez pas ! que nul ne s'en occupe !
Dites même qu'il est de son propre sort dupe !
Riez de lui !… Qu'importe ! il faut mourir un jour…

Alors, dans le pays où le bon Dieu demeure,
On vous fera connaître, avec reproche amer,
Ce qu'il fut de candeur sous ce front simple et fier,
Et de tristesse dans ce grand œil gris qui pleure !

(Poésies complètes)

Octave CRÉMAZIE
(1 8 2 7 - 1 8 7 9)

Né à Québec, Octave Crémazie délaisse rapidement ses études au Petit Séminaire et devient en 1844 l'associé de son frère Joseph, libraire. Dans l'arrière-boutique se fonde le Mouvement littéraire et patriotique de Québec, centre intellectuel et littéraire le plus couru de l'époque. Amoureux de l'art et du voyage, il gère mal son entreprise, court vers la faillite et s'exile en France en 1862 sous le nom de Jules Fontaine. Hautement déterminée par des intérêts patriotiques et politiques, son œuvre est également traversée par la mort. Consacré chantre national grâce au «Drapeau de Carillon» qu'il publie en 1858, l'auteur désavoue plus tard ses vers qu'il juge faciles et trop didactiques. Malgré tout, il demeure le symbole d'une poésie qui, encore habitée par l'outre-mer, travaillait à développer un sentiment d'appartenance canadien-français.

Le Canada

Il est sous le soleil une terre bénie,
Où le ciel a versé ses dons les plus brillants,
Où répandant ses biens, la nature agrandie,
À ses vastes forêts mêle ses lacs géants.

Sur ces bords enchantés, notre mère, la France,
A laissé de sa gloire un immortel sillon ;
Précipitant ses flots vers l'océan immense,
Le noble Saint-Laurent redit encor son nom.

Heureux qui la connaît, plus heureux qui l'habite,
Et, ne quittant jamais pour chercher d'autres cieux
Les rives du grand fleuve où le bonheur l'invite,
Sait vivre et sait mourir où dorment ses aïeux !

(Œuvres)

Louis FRÉCHETTE
(1839-1908)

Né à Lévis, cet avocat, après deux déconfitures éditoriales, s'exile à Chicago en 1866. De retour au Québec en 1871, il est élu député fédéral en 1874 et signe un premier recueil, *Pêle-mêle, fantaisies et souvenirs fantastiques,* en 1877. Grâce à une production abondante et à ses talents d'orateur, il reçoit le titre de barde national. Poète, dramaturge, conteur et militant politique bien en vue, ce digne successeur de Crémazie publie en 1887, au cours d'un voyage en France, *La Légende d'un peuple.* Le titre de ce texte épique, rappelant *La Légende des siècles,* lui vaut le surnom de «Victor Hugo le petit». D'allégeance romantique, il évoque le passé et les luttes de ses pairs afin de raffermir la conscience identitaire.

Le Saint-Laurent

Le voyage fut rude, et le péril fut grand.
Pourtant, après avoir, plus de deux mois durant,
Vogué dans les hasards de l'immensité fauve,
La petite flottille arriva saine et sauve
Auprès de bords perdus sous d'étranges climats...
— Terre! cria la voix d'un mousse au haut des mâts.
C'était le Canada mystérieux et sombre,
Sol plein d'horreur tragique et de secrets sans nombre.
Avec ses bois épais et ses rochers géants,
Émergeant tout à coup du lit des océans!

Quels êtres inconnus, quels terribles fantômes
De ces forêts sans fin hantent les vastes dômes,
Et peuplent de ces monts les détours hasardeux?
Quel génie effrayant, quel cerbère hideux
Va, louche Adamastor, de ces eaux diaphanes,
Surgir pour en fermer l'entrée à ces profanes?
Aux torrides rayons d'un soleil aveuglant
Le cannibale est là peut-être, l'œil sanglant,

Comme un tigre embusqué derrière cette roche,
Qui guette, sombre et nu, l'imprudent qui s'approche.
Point de guides ! Partout l'inexorable accueil !
Ici c'est un bas-fonds, là-bas c'est un écueil ;
Tout semble menaçant, sinistre, formidable ;
La côte, noirs rochers, se dresse inabordable...

Les fiers navigateurs iront-ils jusqu'au bout ?

[...]

(Cent morceaux choisis)

Marcel DUGAS
(1 8 8 3 - 1 9 4 7)

Né à Saint-Jacques (de l'Achigan), Marcel Dugas amorce en 1909 des études en lettres à Paris. Pendant plusieurs années, il travaille aux Archives canadiennes de la capitale française tout en nouant des liens solides avec des sympathisants du *Nigog*. Rapatrié lors des deux guerres mondiales, il termine ses jours comme conservateur au Château de Ramezay. Critique au ton très personnel, Dugas est aussi un étonnant poète en prose qui oscille entre symbolisme et surréalisme. Ses textes, comme autant de toiles mouvantes et oniriques, ouvrent les portes d'un monde singulièrement voilé où règnent souvent la nuit et ses ambiances feutrées. *Paroles en liberté* paraît en 1944.

Paillasse sur l'horizon

La nature, fatiguée du froid, cède à la moiteur du dégel ; du sein de la terre en rumeur bruit l'espoir des enfantements prochains. Un rideau de fils pluvieux oscille, imperceptiblement, sur le fronton des églises et des maisons et laisse, par intervalles irréguliers, tomber une larme qui se perd dans les gouffres.

La nature est toute drapée de rose. C'est une nuit élyséenne, humide sous les couleurs, la majesté de ces bras nus des arbres qui semblent prier pour la douleur terrestre, les tragédies solaires de l'homme en marche vers les résurrections.

Des bouillonnements confus ; une purification des débris de l'univers glacé ; quelques vols infléchis d'oiseaux, gagnés par leur course aventureuse et qui se jouent dans la fausse douceur d'un printemps revenu ; des rires ; une figure tourmentée ; des hommes affairés d'argent ou de plaisir ; la cohue s'élançant aux fêtes de la nuit et qui disparaît, refaite sans cesse par un autre flot qui s'en vient, pareil à l'autre, emportant dans ses replis marionnettes et dieux.

Il y a dans l'air une indécision, de l'angoisse, un parfum de germination printanière, l'élan encore ébauché des vies pleines. L'espace a l'air de souffrir comme s'il allait présider, impuissant, à des trépas fameux, à la chute dans le néant d'une jeunesse, d'une génération, d'un sol, d'une race. Les ailes du Désir battent sur cette angoisse multipliée et vaine, et le Désespoir garde les portes de la ville.

Le firmament, éternel avec tous ses dieux, ses mirages et ses souveraines clartés, élargit ses coupoles d'infini où erre, insaisi, le visage du Mystère.

Du bord de l'horizon tout à coup surgit la tête de Paillasse.

[...]

(Paroles en liberté)

René CHOPIN
(1 8 8 5 - 1 9 5 3)

Né à Sault-au-Récollet, René Chopin complète des études en droit à Montréal avant d'apprendre le chant à Paris. Après une série de voyages en sol européen, il s'installe finalement à Montréal en qualité de notaire, écrit entre autres pour le *Nigog* et occupe un poste de critique littéraire au *Devoir.* Chopin est le poète exotique du froid, des espaces silencieux et insaisissables dont il se plaît, avec une rigueur d'esthète, à explorer les dimensions ontologiques. *Le Cœur en exil,* paru en 1913, témoigne de cet imaginaire nordique où la fine ciselure côtoie la réflexion profonde.

Paysages polaires

[...]

*
* *

Là, bien loin, du côté des étoiles polaires,
Se dresse l'enfer froid des hauts caps convulsifs.
Et je crois voir les flottilles crépusculaires
Errantes sur le globe aux âges primitifs.

Monts à pic titubant sur une mer étale,
Cascades d'argent pur dont le saut fait un lac.
Dolmens bruts avec leurs tables horizontales,
Menhirs et tumuli, vastes champs de Carnac.

Par bandes les ours blancs seront expiatoires ;
L'écume aux dents, lascifs, ils bâilleront d'ennui
Tandis qu'à l'horizon, au ras des promontoires
Brillera, globe d'or, le soleil de minuit.

Les fiers Aventuriers, captifs de la banquise,
En leurs tombeaux de glace à jamais exilés,
Avaient rêvé que leur gloire s'immortalise ;
Le Pôle comme un Sphinx demeure inviolé.

Sur une île neigeuse, avouant la défaite
Et l'amertume au cœur, sans vivres, sans espoir,
Ils gravèrent leurs noms, homicide conquête,
Et tristes, résignés, moururent dans le soir.

Les voiles luxueux d'aurores magnétiques,
Déroulant sur le gouffre immense du Chaos
Leurs franges de couleurs aux éclairs prismatiques
Ont enchanté la fin tragique des Héros.

[...]

(Le Cœur en exil)

Albert LOZEAU
(1 8 7 8 - 1 9 2 4)

Né à Montréal, Albert Lozeau, miné par la maladie, ne connaît de l'école que le niveau primaire. Des suites d'une tuberculose à la colonne vertébrale, il est frappé par une paralysie irréversible en 1896. Dès lors, il mène une vie de poète autodidacte. En 1900, appuyé par son ami Charles Gill qui lui fait découvrir la littérature, il devient membre par correspondance de l'École littéraire de Montréal. Des malheurs physiques de Lozeau découle une poésie particulière, celle d'un homme qui n'a que le regard pour dire son monde limité. Fort d'un œil nuancé, témoin sensible d'une existence recluse, il fait montre, dès *L'Âme solitaire* (1907), d'une indéniable subjectivité et d'une capacité à faire parler les infimes détails du quotidien. En trois volumes, les *Poésies complètes* suivent sa mort de peu.

Les amitiés

[...]

J'attends. Le vent gémit. Le soir vient. L'heure sonne.
Mon cœur impatient s'émeut. Rien ni personne.
J'attends, les yeux fermés pour ne pas voir le temps
Passer en déployant les ténèbres. J'attends.
Cédant au sommeil dont la quiétude tente,
J'ai passé cette nuit en un rêve d'attente.
Le jour est apparu baigné d'or pourpre et vif,
Comme hier, comme avant, mon cœur bat attentif.
Et je suis énervé d'attendre, sans comprendre,
Comme hier et demain, ce que je puis attendre.
J'interroge mon cœur, qui ne répond pas bien…
Ah ! qu'il est douloureux d'attendre toujours – rien !

(L'Âme solitaire)

Effets de neige et de givre

III

Ma vitre, ce matin, est tout en feuilles blanches,
En fleurs de givre, en fruits de frimas fins, en branches
D'argent, sur qui des frissons blancs se sont glacés.
Des arbres de vermeil l'un à l'autre enlacés,
Immobiles, ont l'air d'attendre qu'un vent passe
Tranquille, mol et blanc. Calme petit espace
Où tout a le repos profond de l'eau qui dort,
Parce que tout cela gît insensible et mort.
Vision qui fondra dès la première flamme,
Comme le rêve pur des jeunes ans de l'âme ;
Espoirs, illusions qu'on regrette tout bas :
Sur la vitre du cœur, frêles fleurs de frimas…

(L'Âme solitaire)

Hector DE SAINT-DENYS GARNEAU
(1912 - 1943)

Hector de Saint-Denys Garneau, né à Montréal, passe son enfance dans un manoir près de Québec. Se fixant à Montréal en 1923, il étudie chez les Jésuites, fréquente l'École des beaux-arts, joint les rangs de *La Relève* en 1934 et y publie poèmes et articles sur l'art. En 1937 paraît *Regards et jeux dans l'espace,* un recueil capital boudé par la critique de l'époque. Il effectue alors un court séjour en France dont il revient brisé et malade, regagne le manoir familial et y meurt subitement d'une crise cardiaque. En 1949, Robert Élie et Jean Lemoyne publient ses *Poésies complètes.* Peu à peu, le poète apparaît comme un phare, une porte ouverte sur la modernité québécoise. Avec des mots simples et une étonnante liberté formelle, il recherche une pureté perdue et un absolu, affronte la mort et un malaise existentiel profond. Ce cheminement métaphysique, à la fois marche vers le silence et parole fraternelle, conserve toujours son actualité.

C'est là sans appui

Je ne suis pas bien du tout assis sur cette chaise
Et mon pire malaise est un fauteuil où l'on reste
Immanquablement je m'endors et j'y meurs.

Mais laissez-moi traverser le torrent sur les roches
Par bonds quitter cette chose pour celle-là
Je trouve l'équilibre impondérable entre les deux
C'est là sans appui que je me repose.

(*Regards et jeux dans l'espace*)

Accompagnement

Je marche à côté d'une joie
 D'une joie qui n'est pas à moi
  D'une joie à moi que je ne puis pas prendre

 Je marche à côté de moi en joie
  J'entends mon pas en joie qui marche à côté de moi
  Mais je ne puis changer de place sur le trottoir
  Je ne puis pas mettre mes pieds dans ces pas-là
                et dire voilà c'est moi

  Je me contente pour le moment de cette compagnie
  Mais je machine en secret des échanges
  Par toutes sortes d'opérations, des alchimies,
  Par des transfusions de sang
  Des déménagements d'atomes
                par des jeux d'équilibre

  Afin qu'un jour, transposé,
  Je sois porté par la danse de ces pas de joie
  Avec le bruit décroissant de mon pas à côté de moi
  Avec la perte de mon pas perdu
                s'étiolant à ma gauche
  Sous les pieds d'un étranger
                qui prend une rue transversale

(Regards et jeux dans l'espace)

C'est eux qui m'ont tué

C'est eux qui m'ont tué
Sont tombés sur mon dos avec leurs armes, m'ont tué
Sont tombés sur mon cœur avec leur haine, m'ont tué
Sont tombés sur mes nerfs avec leurs cris, m'ont tué

C'est eux en avalanche m'ont écrasé
Cassé en éclats comme du bois

Rompu mes nerfs comme un câble de fil de fer
Qui se rompt net et tous les fils en bouquet fou
Jaillissent et se recourbent, pointes à vif

Ont émietté ma défense comme une croûte sèche
Ont égrené mon cœur comme de la mie
Ont tout éparpillé cela dans la nuit

Ils ont tout piétiné sans en avoir l'air,
Sans le savoir, le vouloir, sans le pouvoir,
Sans y penser, sans y prendre garde
Par leur seul terrible mystère étranger
Parce qu'ils ne sont pas à moi venus m'embrasser

Ah! dans quel désert faut-il qu'on s'en aille
Pour mourir de soi-même tranquillement

(Œuvres)

Alain GRANDBOIS
(1 9 0 0 - 1 9 7 5)

Né dans une famille aisée à Saint-Casimir dans Portneuf, Alain
Grandbois étudie à Montréal et Québec sans se fixer, voyage au
Canada et en Europe et complète son droit à l'Université Laval.
Il s'installe alors en France et, entre 1925 et 1938, la quitte
souvent pour explorer l'Asie. C'est d'ailleurs à Hankéou
(Chine) que paraissent en 1934 ses premiers poèmes. De
retour au Québec lorsque la guerre éclate en 1939, il signe en
1944 *Les Îles de la nuit,* son œuvre principale. Portée aux nues
par les poètes de l'Hexagone, la poésie de Grandbois est
célébrée pour la liberté de son langage et son ouverture sur
le monde. Le lyrisme de l'auteur obéit à une logique de
combat, celui d'une voix éthérée et romantique qui sent
venir la mort et recherche dans l'amour et le souvenir une
façon de la repousser.

Avec ta robe...

Avec ta robe sur le rocher comme une aile blanche
Des gouttes au creux de ta main comme une
blessure fraîche
Et toi riant la tête renversée comme un enfant seul

Avec tes pieds faibles et nus sur la dure force du rocher
Et tes bras qui t'entourent d'éclairs nonchalants
Et ton genou rond comme l'île de mon enfance

Avec tes jeunes seins qu'un chant muet soulève
pour une vaine allégresse
Et les courbes de ton corps plongeant toutes vers
ton frêle secret
Et ce pur mystère que ton sang guette pour des nuits futures

Ô toi pareille à un rêve déjà perdu
Ô toi pareille à une fiancée déjà morte
Ô toi mortel instant de l'éternel fleuve

Laisse-moi seulement fermer mes yeux
Laisse-moi seulement poser les paumes de mes mains
        sur mes paupières
Laisse-moi ne plus te voir

Pour ne pas voir dans l'épaisseur des ombres
Lentement s'entr'ouvrir et tourner
Les lourdes portes de l'oubli

(Les Îles de la nuit)

Fermons l'armoire...

Fermons l'armoire aux sortilèges
Il est trop tard pour tous les jeux
Mes mains ne sont plus libres
Et ne peuvent plus viser droit au cœur
Le monde que j'avais créé
Possédait sa propre clarté
Mais de ce soleil
Mes yeux sont aveuglés
Mon univers sera englouti avec moi
Je m'enfoncerai dans les cavernes profondes
La nuit m'habitera et ses pièges tragiques
Les voix d'à côté ne me parviendront plus
Je posséderai la surdité du minéral
Tout sera glacé
Et même mon doute

Je sais qu'il est trop tard
Déjà la colline engloutit le jour
Déjà je marque l'heure de mon fantôme
Mais ces crépuscules dorés je les vois encore se penchant
        sur des douceurs de lilas

Je vois ces adorables voiles nocturnes trouées d'étoiles
Je vois ces rivages aux rives inviolées
J'ai trop aimé le regard extraordinairement fixe de
        l'amour pour ne pas regretter l'amour
J'ai trop paré mes femmes d'auréoles sans rivales
J'ai trop cultivé de trop miraculeux jardins

   Mais une fois j'ai vu les trois cyprès parfaits
   Devant la blancheur du logis
   J'ai vu et je me tais
   Et ma détresse est sans égale

   [...]

   (Les Îles de la nuit)

Pris et protégé

   Pris et protégé et condamné par la mer
   Je flotte au creux des houles
   Les colonnes du ciel pressent mes épaules
   Mes yeux fermés refusent l'archange bleu
   Les poids des profondeurs frissonnent sous moi
   Je suis seul et nu
   Je suis seul et sel
   Je flotte à la dérive sur la mer
   J'entends l'aspiration géante des dieux noyés
   J'écoute les derniers silences
   Au delà des horizons morts

(Les Îles de la nuit)

Anne HÉBERT
(1 9 1 6 - 2 0 0 0)

Née à Sainte-Catherine-de-la-Jacques-Cartier cousine de Saint-Denys Garneau, Anne Hébert étudie à Québec. Dès la fin des années 1930, elle publie poèmes et contes dans divers journaux et revues. *Les Songes en équilibre,* son premier recueil, paraît en 1942 et lui mérite le prix David. Après avoir travaillé à Radio-Canada et à l'Office national du film, elle séjourne en France de 1954 à 1957 puis finit par s'y établir. Anne Hébert est surtout connue pour ses romans. *Le Torrent* (1950), une longue nouvelle, *Kamouraska* (1970) et *Les Fous de Bassan* (1982) sont autant d'œuvres saluées où dominent une prose riche et des destins aliénés. Parallèlement au roman, elle publie *Le Tombeau des rois* en 1953, un recueil qui installe un univers chargé de symbolisme. Fascinante par sa douleur à la fois exacerbée et sourde, cette écriture, traversée par une sensibilité féminine étrange, est l'un des foyers cruciaux de la modernité poétique québécoise. De retour au Québec en 1997, elle s'éteint au tournant du siècle.

La fille maigre

Je suis une fille maigre
Et j'ai de beaux os.

J'ai pour eux des soins attentifs
Et d'étranges pitiés

Je les polis sans cesse
Comme de vieux métaux.

Les bijoux et les fleurs
Sont hors de saison.

Un jour je saisirai mon amant
Pour m'en faire un reliquaire d'argent.

Je me pendrai
À la place de son cœur absent.

Espace comblé,
Quel est soudain en toi cet hôte sans fièvre ?

Tu marches
Tu remues ;
Chacun de tes gestes
Pare d'effroi la mort enclose.

Je reçois ton tremblement
Comme un don.

Et parfois
En ta poitrine, fixée,
J'entrouvre
Mes prunelles liquides

Et bougent
Comme une eau verte
Des songes bizarres et enfantins.

(Le Tombeau des rois)

Nos mains au jardin

Nous avons eu cette idée
De planter nos mains au jardin

Branches des dix doigts
Petits arbres d'ossements
Chère plate-bande.

Tout le jour
Nous avons attendu l'oiseau roux
Et les feuilles fraîches
À nos ongles polis.

Nul oiseau
Nul printemps
Ne se sont pris au piège de nos mains coupées.

Pour une seule fleur
Une seule minuscule étoile de couleur
Un seul vol d'aile calme
Pour une seule note pure
Répétée trois fois.

Il faudra la saison prochaine
Et nos mains fondues comme l'eau.

(*Le Tombeau des rois*)

Il y a certainement quelqu'un

Il y a certainement quelqu'un
Qui m'a tuée
Puis s'en est allé
Sur la pointe des pieds
Sans rompre sa danse parfaite.

A oublié de me coucher
M'a laissée debout
Toute liée
Sur le chemin
Le cœur dans son coffret ancien
Les prunelles pareilles
À leur plus pure image d'eau

A oublié d'effacer la beauté du monde
Autour de moi
A oublié de fermer mes yeux avides
Et permis leur passion perdue

(*Le Tombeau des rois*)

Alfred DESROCHERS
(1 9 0 1 - 1 9 7 8)

Alfred DesRochers est né en 1901 à Saint-Élie-d'Orford, dans les Cantons-de-l'Est. Il tient de ses ancêtres, bûcherons et coureurs des bois, un attachement à la nature, mais aussi à la tradition populaire des récits d'aventures, des chansons de drave et de chantier. Il étudie au Collège séraphique des Franciscains de Trois-Rivières où il commence à écrire ses premiers poèmes, mais abandonne ses études pour aider sa famille dont le père vient de mourir. Il exerce divers métiers dont ceux de journaliste et de traducteur. Après avoir publié son *Offrande aux vierges folles* en 1928, il fait paraître *À l'ombre de l'Orford* en 1929, qui lui vaudra notamment le prix David en 1930. Fidèle à la poésie parnassienne, ce livre est considéré comme l'un des sommets de la poésie du terroir. La prestigieuse collection du Nénuphar a repris l'ensemble de ses œuvres poétiques en 1977.

Hymne au vent du nord

Ô Vent du Nord, vent de chez nous, vent de féerie,
Qui vas surtout la nuit, pour que la poudrerie,
Quand le soleil, vers d'autres cieux, a pris son vol,
Allonge sa clarté laiteuse à fleur de sol :
Ô morsure de l'azur farouche, dont les râles
Nous émeuvent autant que, dans les cathédrales,
Le cri d'une trompette aux Élévations ;
Aigle étourdi d'avoir erré sur les Hudsons,
Parmi les grognements baveux des ours polaires ;
Sublime aventurier des espaces stellaires,
Où tu chasses l'odeur du crime pestilent ;
Ô toi, dont la clameur effare un continent
Et dont le souffle immense ébranle les étoiles ;

Toi qui déchires les forêts comme des toiles ;
Vandale et modeleur des sites éblouis
Qui donnent des splendeurs d'astres à mon pays,
Je chanterai ton cœur que nul ne veut comprendre.
C'est toi qui de blancheur enveloppes la cendre,
Pour que le souvenir sinistre du charnier
Ne s'avive en notre âme, ô vent calomnié !

[...]

Non. Tu n'es pas, ô vent du nord, un vent infâme :
Tu vis, et comme nous, tu possèdes une âme.
Comme un parfum de rose au temps du rosier vert,
Tu dispenses l'amour durant les mois d'hiver.

Car il vibre en ta voix un tel frisson de peine,
Que l'esprit faible oublie, en l'écoutant, sa haine,
Et durant ces longs mois où le jour est trop court,
Quant tu chantes, ton chant fait élargir l'amour.

(À l'ombre de l'Orford)
© PUM, Bibliothèque du Nouveau Monde

Roland GIGUÈRE
(1 9 2 9)

Né à Montréal, Roland Giguère étudie à l'Institut des arts graphiques avant de fonder en 1949 les Éditions Erta. Entre 1954 et 1963, quelques séjours en France l'amènent à participer activement au mouvement surréaliste, et il collabore aux revues *Phases, Boa* et *Edda*. Son œuvre étant disséminée dans des ouvrages à tirage limité, l'Hexagone en rassemble une part importante sous le titre *L'Âge de la parole* publié en 1965. Plusieurs voient dans cette appellation le symbole d'un Québec en marche vers l'affirmation, et le poète également graveur et peintre rafle de nombreux honneurs. *La Main au feu* (1973) et *Forêt vierge folle* (1978) confirment que l'univers de Giguère, malgré ses climats étranges, est partageable et chargé d'une lucidité qui ne fait pas la part facile au silence. À travers la violence des mains de bourreaux et des tendresses que fragilise une conscience aiguë du réel, en «arriver au cœur» tout en vivant sans œillères informe cet itinéraire poétique encore affirmé en 2000 dans *Cœur par cœur*.

La main du bourreau
finit toujours pas pourrir

Grande main qui pèse sur nous
grande main qui nous aplatit contre terre
grande main qui nous brise les ailes
grande main de plomb chaud
grande main de fer rouge

grands ongles qui nous scient les os
grands ongles qui nous ouvrent les yeux
comme des huîtres
grands ongles qui nous cousent les lèvres
grands ongles d'étain rouillé
grands ongles d'émail brûlé

mais viendront les panaris
panaris
panaris

la grande main qui nous cloue au sol
finira par pourrir
les jointures éclateront comme des verres de cristal
les ongles tomberont

la grande main pourrira
et nous pourrons nous lever pour aller ailleurs

(L'Âge de la parole)
© 1991 Éditions Typo et Roland Giguère

29

Amour délice et orgue

Amour délice et orgue
pieds nus dans un jardin d'hélices
hier j'écrivais pour en arriver au sang
aujourd'hui j'écris amour délice et orgue
pour en arriver au cœur
par le chemin tortueux
noueux noué
chemin de pierres trouées
pour en arriver où nous en sommes
pas très loin
un peu à gauche de la vertu
à droite du crime
qui a laissé une large tache de rouille
sur nos linges propres tendus au soleil
pour en arriver où
je me le demande
pour en arriver à l'anti-rouille
amour délice et orgue
ou pour arriver au cœur tout simplement ?

tout simplement.

(Forêt vierge folle)

Gilles HÉNAULT
(1 9 2 0 - 1 9 9 6)

Natif de Saint-Majorique, Gilles Hénault grandit dans le milieu prolétaire montréalais. Faute de ressources financières, il stoppe ses études et se dirige vers le journalisme. Critique d'art appuyant les Automatistes, il cofonde en 1946 *Les Cahiers de la file indienne*. À la même époque, il s'engage dans le mouvement syndicaliste, particulièrement auprès des mineurs de Sudbury (Ontario). De 1966 à 1971, il dirige le Musée d'art contemporain à Montréal. Agent important du modernisme poétique québécois, il se démarque dès 1946 avec *Théâtre en plein air*. Si, en 1972, *Signaux pour les voyants* rassemble l'ensemble de son œuvre, *Totems* (1953) et *Sémaphore* suivi de *Voyage au pays de mémoire* (1962) apparaissent comme les recueils marquants de cette œuvre. Il a également publié, en 1984, aux Éditions Parti pris, *À l'inconnue nue* et, en 1991, *À l'écoute de l'écoumène,* aux Éditions de l'Hexagone. Chantant l'avènement de l'homme libre, cette poésie au ton souvent lyrique et grave sait néanmoins user de l'humour avec bonheur. Récipiendaire de nombreuses distinctions, il reçoit le prix David en 1993.

Sémaphore

I

Les signes vont au silence
Les signes vont au sable
Les signes s'insinuent au ciel renversé de la pupille
Les signes crépitent, radiations d'une essence délétère, chimie
de formes cinétiques, filigranes d'aurores boréales.
Et tout se tisse de souvenirs feuillus, de gestes palmés éventant
l'aire des lisses liesses.
Les signes sont racines, tiges éployées, frondaisons de signaux
dans le vent qui feuillette son grimoire.

C'est l'hiver et le pays revêt sa robe sans couture dans un grand
envol de feuilles et de plumes, dans un geste de sorcier saluant les
derniers spasmes de la flamme.
Sous la moussure du ciel
S'allume une bourrasque de sel
Signe d'un silence qui sourd du songe de l'ennui
Le silence darde sa lance au cœur du paysage soudain cinglé de
souffles véhéments et la tempête monte comme une écume
de légende pour ternir les bagues de la nuit.
L'homme dans le mitan de son âge ne sait plus de quelle rive
lui vient la vie.

(Sémaphore)

Voici venir le temps

II

Voici venir le temps des regards clairs
et des beautés nouvelles
Après l'enfer des métamorphoses.
Le sel de la terre couvrira les blessures d'hier
La paix fera couler ses grandes eaux
Sur la cendre de nos espoirs incendiés
Au miroir du ciel ne se penchera plus
la sanglante moisson des hommes
Et la peau du diable séchera aux quatre vents
Comme un épouvantail à corbeaux.

(Sémaphore)

Gaston MIRON
(1 9 2 8 - 1 9 9 6)

Né à Sainte-Agathe-des-Monts, Gaston Miron s'intalle à Montréal en 1947, travaille ici et là et étudie les sciences sociales. En 1953, il cofonde les Éditions de l'Hexagone et y publie *Deux sangs* avec Olivier Marchand. En compagnie de Jean-Guy Pilon, il met sur pied plusieurs récitals de poésie ainsi que la première Rencontre des poètes en 1957. Très engagé politiquement, il se présente aux élections fédérales, mais à partir de 1961, son adhésion au Rassemblement pour l'indépendance nationale (RIN) sonne le début d'un militantisme dédié à la cause nationale ou indépendantiste. «La Marche à l'amour» et la «Vie agonique» sont publiés en 1962 et 1963, mais ce n'est qu'en 1970 que *L'Homme rapaillé* rend accessible l'essentiel de son œuvre. L'effet est sans précédent et il devient vite le phare poétique de toute une époque. Très marquée par l'oralité québécoise, l'écriture de Miron s'enracine à même le réel d'ici. Elle se caractérise par une soif constante d'avancer, de braver le poids du passé et de «l'aliénation délirante» pour donner un sens au Québec et, plus largement, à l'acte de vivre. Tendant une main fraternelle ou amoureuse, cette parole qui oscille entre l'épique et l'intime est habitée de bout en bout par une quête de dignité.

Liminaire

Pour Emmanuelle

J'ai fait de plus loin que moi un voyage abracadabrant
il y a longtemps que je ne m'étais pas revu
me voici en moi comme un homme dans une maison
qui s'est faite en son absence
je te salue, silence

je ne suis pas revenu pour revenir
je suis arrivé à ce qui commence

(L'Homme rapaillé)

Tout un chacun

Chacun ses pieds
dans ses pas

chacun ses larmes
au large des yeux

chacun sa main
dans l'aumône

dans le trois-mâts
chacun ses rêves

son mal de poudrerie
dans ses désirs

son mal de nébuleuse
dans ses pensées

au repas
chacun sa dent

chacun son cou
dans l'amour

chacun, chacun

chacun ses os
au cimetière

(L'Homme rapaillé)

La marche à l'amour

nous n'irons plus mourir de langueur
à des milles de distance de nos rêves bourrasques
des filets de sang dans la soif craquelée de nos lèvres
les épaules baignées de vols de mouettes
non
j'irai te chercher nous vivrons sur la terre
la détresse n'est pas incurable qui fait de moi
une épave de dérision, un ballon d'indécence
un pitre aux larmes d'étincelles et de lésions
profondes
frappe l'air et le feu de mes soifs
coule-moi dans tes mains de ciel de soie
la tête la première pour ne plus revenir
si ce n'est pour remonter debout à ton flanc
nouveau venu de l'amour du monde
constelle-moi de ton corps de voie lactée
même si j'ai fait de ma vie dans un plongeon
une sorte de marais, une espèce de rage noire
si je fus cabotin, concasseur de désespoir
j'ai quand même idée farouche
de t'aimer pour ta pureté
de t'aimer pour une tendresse que je n'ai pas connue

dans les giboulées d'étoiles de mon ciel
l'éclair s'épanouit dans ma chair
je passe les poings durs au vent
j'ai un cœur de mille chevaux-vapeur
j'ai un cœur comme la flamme d'une chandelle
toi tu as la tête d'abîme douce n'est-ce pas
la nuit de saule dans tes cheveux
un visage enneigé de hasards et de fruits

un regard entretenu de sources cachées
et mille chants d'insectes dans tes veines
et mille pluies de pétales dans tes caresses

[...]

puis les années m'emportent sens dessus dessous
je m'en vais en délabre au bout de mon rouleau
des voix murmurent les récits de ton domaine
à part moi je me parle
que vais-je devenir dans ma force fracassée
ma force noire du bout de mes montagnes
pour te voir à jamais je déporte mon regard
je me tiens aux écoutes des sirènes
dans la longue nuit effilée du clocher de
Saint-Jacques
et parmi ces bouts de temps qui halètent
me voici de nouveau campé dans ta légende
tes grands yeux qui voient beaucoup de cortèges
les chevaux de bois de tes rires
tes yeux de paille et d'or
seront toujours au fond de mon cœur
et ils traverseront les siècles

je marche à toi, je titube à toi, je meurs de toi
lentement je m'affale de tout mon long dans l'âme
je marche à toi, je titube à toi, je bois
à la gourde vide du sens de la vie
à ces pas semés dans les rues sans nord ni sud
à ces taloches de vent sans queue et sans tête
je n'ai plus de visage pour l'amour
je n'ai plus de visage pour rien de rien
parfois je m'assois par pitié de moi
j'ouvre mes bras à la croix des sommeils
mon corps est un dernier réseau de tics amoureux
avec à mes doigts les ficelles des souvenirs perdus

je n'attends pas à demain je t'attends
je n'attends pas la fin du monde je t'attends
dégagé de la fausse auréole de ma vie

(*L'Homme rapaillé*)

Séquences

Parmi les hommes dépareillés de ces temps
je marche à grands coups de tête à fusée chercheuse
avec de pleins moulins de bras sémaphore
du vide de tambour dans les jambes
et le corps emmanché d'un mal de démanche
reçois-moi orphelin bel amour de quelqu'un
monde miroir de l'inconnu qui m'habite
je traverse des jours de miettes de pain
la nuit couleur de vin dans les caves
je traverse le cercle de l'ennui perroquet
dans la ville il fait les yeux des chiens malades

La batèche ma mère c'est notre vie de vie
batèche au cœur fier à tout rompre
batèche à la main inusable
batèche à la tête de braconnage dans nos montagnes
batèche de mon grand-père dans le noir analphabète
batèche de mon père rongé de veilles
batèche de moi dans mes yeux d'enfant

[...]

Vous pouvez me bâillonner, m'enfermer
je crache sur votre argent en chien de fusil
sur vos polices et vos lois d'exception
je vous réponds non
je vous réponds, je recommence

je vous garroche mes volées de copeaux de haine
de désirs homicides
  je vous magane, je vous use, je vous rends fous
  je vous fais honte
    vous ne m'aurez pas vous devrez m'abattre
    avec ma tête de tocson, de nœud de bois, de souche
    ma tête de semailles nouvelles
      j'ai endurance, j'ai couenne et peau de babiche
      mon grand sexe claque
        je me désinvestis de vous, je vous échappe
        les sommeils bougent, ma poitrine résonne

                    j'ai retrouvé l'avenir

  (*L'Homme rapaillé*)

*L*es siècles de l'hiver

    Le gris, l'agacé, le brun, le farouche
    tu craques dans la beauté fantôme du froid
    dans les marées de bouleaux, les confréries
    d'épinettes, de sapins et autres compères
    parmi les rocs occultes et parmi l'hostilité

    pays chauve d'ancêtres, pays
    tu déferles sur des milles de patience à bout
    en une campagne affolée de désolement
    en des villes où ta maigreur calcine ton visage
    nous nos amours vidés de leurs meubles
    nous comme empesés d'humiliation et de mort

    et tu ne peux rien dans l'abondance captive
    et tu frissonnes à petit feu dans notre dos

  (*L'Homme rapaillé*)

Paul-Marie LAPOINTE
(1 9 2 9)

Né à Saint-Félicien dans la région du Lac-Saint-Jean, Paul-Marie Lapointe étudie à Chicoutimi et Montréal avant d'être admis à l'École des beaux-arts en 1947. Journaliste dès 1950, il travaille à *La Presse* de 1955 à 1960, est cinq ans durant le rédacteur en chef du magazine *Maclean's* et occupe quelques postes d'importance à Radio-Canada. Après la somptueuse et personnelle provocation du *Vierge incendié* (1949), il signe en 1960 la litanie *Arbres,* poème-fleuve qui se veut une riche entreprise de nomination. Paru en 1964, *Pour les âmes* oscille entre le jazz et le psaume, le corps et le social. Proche du symbolisme de Rimbaud et du surréalisme, Lapointe allie pourtant cet héritage à une conscience québécoise qui glisse peu à peu vers une sensibilité nord-américaine. Entre autres distinctions, il reçoit en 1976 aux États-Unis le prix de l'International Poetry Forum. Affirmant toujours une même préoccupation pour les jeux et les possibilités du langage, il publie *Le Sacre* en 1998 et *Espèces fragiles* en 2002. Traduite en plusieurs langues, son œuvre est celle d'un écrivain capable de transcender l'air du temps grâce à un style autonome et sans œillères.

« *Je suis une main qui pense*
à des murs de fleurs... »

Je suis une main qui pense à des murs de fleurs
à des fleurs de murs
à des fleurs mûres.

C'est pour regarder la vie que je lis interminablement
le cristal du futur de cristal

Le réservoir du cendrier
pourquoi des villes de café y surgir ?

des plantations de pauvres gens
soleils de fagots fertiles
violoncelles senteur de mauves

C'est en songeant à construire un verger de frères
que pour pleurer je descends mon bras
que je mets ma vie dans mes larmes

Les grands châteaux poires pourries
avec quoi des vieillards à femmes mutuelles
lapident leurs vacheries
les églises de faux sentiments
l'écroulement des cadavres
les haines dans les schistes séculaires.

Quand le marteau se lève
quand les bûcherons vont flamber noir
sur le peuple déterminé

Les cadavres purifiés par le feu
et le fracassement des crânes de béton

L'horizon que je vois libéré
par l'amour et pour l'amour.

(Le Vierge incendié)

« *kimono de fleurs blanches...* »

kimono de fleurs blanches   de fleurs roses   la nuit porte
des oranges dans tes mains   je voudrais que nous mourions
comme le jour   puisque jamais nous ne pourrons retrouver ce
petit cab qui nous menait dans le fond de la mer   bouche de
truite rouge   repaire parfumé dans les coraux et les éponges
qui nous examinaient avec leur regard nombreux   tu les

chassais avec cette moue de framboise écrasée   le vent qui passait
courant de cuivre et de parfums   nous avions fait pousser un
géranium dans la coupe d'une moule assassinée   dans tes
oreilles des papillons coloraient nos musiques inventées par les
lèvres du mirage englouti d'une ville   un grand fauteuil
baroque s'en venait à la dérive de grand'mère à lunettes ovales
et cette étoile de frisson qui montait sur ta jambe gauche   le
long du mollet   sur le genou   dans le creux de la cuisse
mais soudain comme toute la mer a disparu   et le sel des
cheveux   et le jour qui va paraître et qui est plus vide que le
reste du monde

(Le Vierge incendié)

« J'ai des frères à l'infini... »

J'ai des frères à l'infini
j'ai des sœurs à l'infini
et je suis mon père et ma mère

J'ai des arbres   des poissons
des fleurs et des oiseaux

Le baiser le plus rude
et l'acte déconcerté
l'assassin sans lame
se perce de lumière

Mais la corrosion n'atteindra jamais
mon royaume de fer
où les mains sont tellement sèches
qu'elles perdent leurs feuilles

Les faïences éclatent de rire dans le stuc
le ciel de glace
le soleil multiple qui n'apparaît plus
Frères et sœurs
mes milliers d'astres durs

(Le Vierge incendié)

Épitaphe pour un jeune révolté

tu ne mourras pas un oiseau portera tes cendres
dans l'aile d'une fourrure plus étale et plus chaude
que l'été
aussi folle aussi blonde que l'invention de la lumière

entre les mondes voyagent des tendresses et des
cœurs
des hystéries cajolantes comme la fusion des corps
en eux plus lancinantes
comme le lever et le coucher des astres
comme l'apparition d'une vierge dans la cervelle des
miracles

tu ne mourras pas un oiseau nidifie
ton cœur
plus intense que la brûlée d'un été quelque part
plus chaude qu'une savane parcourue par l'oracle
plus grave que le peau-rouge et l'incandescence

(les âmes miroitent
particulièrement le soir
entre chien et loup
dans la pâleur des lanternes

dans l'attisement des fanaux
dans l'éblouissement d'une ombre au midi du
sommeil)

tu ne mourras pas

quelque part une ville gelée hélera ses cabs
une infanterie pacifique pour mûrir les récoltes
et le sang circulera
au même titre que les automobiles
dans le béton et la verdure

tu ne mourras pas ton amour est éternel

(*Pour les âmes*)

Suzanne MELOCHE
(1 9 2 6)

Suzanne Meloche naît à Ottawa en 1926, mais s'établit à Montréal en 1945 où elle étudie au collège Marguerite-Bourgeois. Dès cette époque, elle est initiée aux arts et introduite auprès du groupe des Automatistes, grâce à son mari Marcel Barbeau, où elle fait la rencontre de Claude Gauvreau. D'abord correctrice d'épreuves, elle travaille ensuite à l'ambassade du Canada à Londres avant de se rendre à New York où elle pratique l'*Action Painting*. Elle vit quelques années aux États-Unis et milite pour les droits des Noirs, puis regagne définitivement le Québec au début des années 1970. Le manuscrit *Les Aurores fulminantes*, écrit en 1949, est retrouvé dans les papiers de Paul-Émile Borduas et est publié en 1980 aux Herbes rouges. Par son rythme syncopé, ses images surréalistes et son ton résolument personnel, ce recueil témoigne d'une volonté d'affranchissement d'un milieu et d'une condition socioculturels et marque les premiers signes de l'émancipation d'un imaginaire féminin.

Douceur, équivoque maladive.

Œil transpercé comme un jet de lame.
Les hallucinations se noient au creux des balancements,
entre chaque métaphore.
Je possède le roulis nuancé des critères adoucis.
Au travers des forêts, le chaume palpitant.
Je trempe ma lèvre au pied chaussé d'ordures.
À la nausée d'aile de pinson.
Je chante la barbarie enrouée des quêteurs malins.
Je baise la fente estropiée des estrades dormantes.
O rupture maléfique !
Je me recouvre de ton champ de lièvre.
Attente candide ! Je chante l'haleine des verdures saumonées.
Matin du coq !
J'endors la clameur sous la nappe des ventres
au souffle atténué.

(les Aurores fulminantes)

Lumière au prisme infiltré sous le vitriol de la lune.

Les cachets de rubis sur ma lèvre
croissent comme une étincelle fulmineuse.

Je sens bouillir les rubidons géants
À la peau de porcelaine
dans l'éclatement vierge.

Le silence, inquiétude souriante
du chercheur tourmenté.
J'apporte un rondeau de toile transparente
sur les paupières pesantes
comme une parfaite éclipse au tournant.

Un bâillement dans la mousse étendue
sous la pluie plus creuse.

Plus captive sous la pluie
qu'un ouragan orgueilleux aux orteils détachés.

Un filet de veine amoureuse
sur la langue.
(Les Aurores fulminantes)

Pourpre silencieux de brasier fumant.

Mince chevelure flottante comme une orange mordorée.

Je bois la succession tiède d'air
comme une turbulente hyène.

Le matin au désir tourmenté me recouvre la paupière.

Je secoue les civières dans l'emportement
des noirs silences.

À l'aurore j'incendie les rafales.

Passion claire aux yeux de vie.
(Les Aurores fulminantes)

Jean-Guy PILON
(1 9 3 0)

Né à Saint-Polycarpe, Jean-Guy Pilon s'associe aux Éditions de l'Hexagone dès leur fondation. L'un des fondateurs de la revue *Liberté,* de la Rencontre québécoise internationale des écrivains (1972-1997), président de l'Académie des lettres du Québec (1982-1996), il est aussi pendant longtemps à la tête du volet culturel de Radio-Canada. En 1954, le recueil *Les Cloîtres de l'été* est préfacé par le poète René Char qui souligne « son universalité, son ubiquité passionnée, ce pouvoir d'être et d'agir partout à la fois ». Rassemblée dans *Comme eau retenue* en 1968 (nouvelle édition augmentée en 1985), l'œuvre de Pilon se distingue par sa clarté et un regard qui, s'il n'est pas exempt de gravité, traduit pourtant une certaine joie de l'être au monde.

L'étranger d'ici

Il était d'un pays de corsaires dévots
Où l'on prenait l'inconscience pour le dogme
L'imbécile pour le maître
Le malade pour le voyant

C'était un pays de luttes inutiles
Et de ruines magnifiques
Un pays rongé par la vermine

Quand il a voulu crier sa rage
On ne lui a pas permis

C'est à peine si on l'a laissé mourir

(Les Cloîtres de l'été)

Recours au pays

V

L'exigence du pays !

Qui suis-je donc pour affronter pareilles étendues, pour comprendre cent mille lacs, soixante-quinze fleuves, dix chaînes de montagnes, trois océans, le pôle nord et le soleil qui ne se couche jamais sur mon pays ?

Où planter ma maison dans cette infinitude et ces grands vents ? De quel côté placer le potager ? Comment dire, en dépit des saisons, les mots quotidiens, les mots de la vie : femme, pain, vin ?

Il y a des pays pour les enfants, d'autres pour les hommes, quelques-uns pour les géants…

Avant de savoir les mots pour vivre, il est déjà temps d'apprendre à mourir.

(Recours au pays)

Fernand DUMONT
(1 9 2 7 - 1 9 9 7)

Né à Montmorency d'une famille d'ouvriers, Fernand Dumont
a enseigné à l'Université Laval. Renommé en tant que socio-
logue et essayiste, par exemple pour *Genèse de la société québécoise*
en 1993, il est aussi l'auteur des recueils *L'Ange du matin* (1952)
et *Parler de septembre* (1970), deux œuvres méconnues reprises
en 1996, avec *L'Arrière-saison,* dans *La Part de l'ombre : poèmes,
1952-1995.* La poésie de Dumont est habitée par une
quête existentielle cruciale, celle d'un homme qui cherche ce
vers quoi il tend et un sol sur lequel s'enraciner. Ce désir
profond d'une visée et d'un lieu constitue également
l'essence de ses essais sur la culture et le réel. Pour
l'ensemble de son œuvre, il s'est vu décerner le prix David
en 1975.

Une nuit qui t'est due

Une nuit qui t'est due
Sans nouvelle des cimes
Tes rêves à l'affût
Se perdront dans les rues de l'attente

Et l'espoir absence de regard
Délimitant le vert de ton sillon
Te raclera avec la gifle de l'aube

Mais l'aurore veillera ivre
Éponge d'où coulent les anges
Épinglés de fleurs salées

Car le bonheur ronge

(L'Ange du matin)

Mais pourquoi parler
De ce qui n'est là que pour douter des mots
Le silence d'un peuple tout entier
Est celui-là que regrettent les poèmes

Je m'avance chargé d'une moitié de la terre
La maison est loin encore
Et la mort si proche

(Parler de septembre)

Fernand OUELLETTE
(1 9 3 0)

Né à Montréal, Fernand Ouellette étudie les sciences sociales tout en signant des textes littéraires pour la radio, le cinéma et la télévision. Membre fondateur de la revue *Liberté,* il est, outre son activité poétique, biographe du compositeur Edgar Varèse, essayiste, romancier et réalisateur d'émissions culturelles à Radio-Canada. De la poésie de Ouellette se dégage l'influence du romantisme allemand et une faible adhésion au vent de lyrisme national qui souffle sur les années 1960. Amorcée dès 1955, cette œuvre intense est un carrefour où se croisent une culture impressionnante, un souci intellectuel patent ainsi qu'une propension au mysticisme et à l'érotisme. Les rétrospectives *Poésie* (1972) et *En la nuit, la mer* (1981) rendent bien la singularité de cet écrivain capable d'une finesse rare dans son observation du réel et sa recherche métaphysique. Au long de son parcours, prix et distinctions de toutes sortes lui sont prodigués, jusqu'à la publication en 2000 de *Choix de poèmes (1955-1997),* dans la prestigieuse collection du Nénuphar chez Fides. *Ces anges de sang* remonte à 1955, *Le soleil sous la mort* à 1965.

Sanglots d'aile

Nos très noirs sanglots d'ailes
au rouge printemps de la foudre se nouent en vain :
il y a mort de soleil à la source du jour,
mort de lumière profonde en l'élan de l'œil.
Et remonte la mémoire le brouillard des neiges tristes,
et glisse la gelée muette
dans les bourgeons de joies désirantes.
Nos très noirs sanglots d'ailes
en plongée contournent la fumée d'un ange montante :
il y a mort d'infini sous la pierre des paupières.

(*Ces anges de sang*)

Géants tristes

Ici, nous marchions de paysage en paysage avec
des couleurs et des odeurs d'agonie calme.

De nuit en nuit, malgré le souvenir du sommeil,
on s'enfonçait à l'affût de plaies, de balises fulgurantes.

C'était notre chair écorchée à coups de rivières
et de lames d'épinettes, notre esprit rougeoyant
dévoré par le grand fleuve.

On avait des corps tendus par les deux pôles
et des artères à brûler la vie sur place.

Nos membres forts dans l'immensité de la femme
plongeaient comme des fous de Bassan.

Par le jour se levaient des géants tristes, un violon
en carton pâte sous le rêve.

Aujourd'hui nous sortons nus d'un bain de mémoire
pour habiter blancs la matrice végétale et vaste.

AMÉRIQUE
revient lentement du fond de l'œil.

(Le Soleil sous la mort)

50 mégatonnes

I

Sur le globe au bout d'un fil

PÂQUES

en vain apprivoise la froidure.

Ô la cantate du blé
où se lève un jour
de mots noirs.

Avec des gestes d'ours
tourne l'ange
autour de l'aube.

Face au miroir
l'esprit
flambe.

Cours ô funambule sur ta corde en givre !

Le soleil se tait.
L'atome se suicide.

L'éternité
se détache
de l'homme.

(Le Soleil sous la mort)

Pierre PERRAULT
(1 9 2 7 - 1 9 9 9)

Né à Montréal, Pierre Perrault étudie le droit et le pratique à peine avant de signer des textes dramatiques pour Radio-Canada. Il y réalise une série sur l'histoire de la Nouvelle-France et écrit des pièces de théâtre. C'est cependant en tant que cinéaste qu'il s'illustre, obtenant même un renom d'envergure internationale avec de vibrants documentaires, tels *Pour la suite du monde, Un pays sans bon sens* et *Les Voitures d'eau.* Sa volonté de donner la parole à ceux qui n'ont jamais tribune — qu'ils soient pêcheurs ou porteurs d'une mémoire sans cesse menacée d'oubli —, de défendre la nature et les racines d'un peuple, transparaît également dans sa poésie. Les rétrospectives *Chouennes* (1975) et *Gélivures* (1977) comprennent une large part de ce chant généreux et profondément humain. *Portulan* remonte à 1961.

Migrateur

Il se passe des choses capitales
dans le cloître des racines.

Des choses capitales à propos
de l'homme et du soleil.

Je n'oublierai point les oiseaux blancs
qui devinent dans leur tête pointue,
à des milliers de milles de distance,
la venue de quelques herbes marines
et la survie de quelques racines
au cœur rouge…

et depuis j'attends
des nouvelles de la terre.

(Portulan)

Jacques BRAULT
(1 9 3 3)

Né à Montréal, Jacques Brault a étudié la philosophie à l'Université de Montréal avant d'y enseigner la littérature. Paru en 1965 à Montréal puis reprit aux Éditions Grasset à Paris en 1968, *Mémoire* l'élève rapidement au rang de poète d'envergure. Avec «Suite fraternelle», poème qui a fait date, il impose une voix généreuse qui interroge l'humain et ce qui l'entoure avec une vigueur rigoureuse. Par la suite, l'auteur poursuit l'exploration de la quotidienneté et de ses zones d'ombre, notamment dans *Moments fragiles* (1984). En 1975, sa traduction d'E. E. Cummings sous le titre *Poèmes des quatre côtés* outrepasse le glissement linguistique, et le travail de Brault est considéré par plusieurs comme un acte de création. La même année, son essai *Chemin faisant* jette un regard concis et chaleureux sur les poètes Miron, Saint-Denys Garneau, Garcia et Grandbois. Considéré comme l'un des descendants de Garneau, il cosigne en 1978 l'édition critique de ses œuvres. En 1984, le récit *Agonie* témoigne de sa polyvalence et prouve encore la finesse de cette écriture dense mais limpide. Imposante rétrospective parue en 2000, *Poèmes* donne la mesure de son œuvre.

Suite fraternelle

Je me souviens de toi   Gilles   mon frère oublié dans la
terre de Sicile   je me souviens d'un matin d'été à
Montréal   je suivais ton cercueil vide   j'avais dix ans
je ne savais pas encore

Ils disent que tu es mort pour l'Honneur   ils disent   et
flattent leur bedaine flasque   ils disent que tu es mort pour
la Paix   ils disent   et sucent leur cigare long comme
un fusil

Maintenant je sais que tu es mort avec une petite bête froide dans
la gorge   avec une sale peur aux tripes   j'entends toujours tes
vingt ans qui plient dans les herbes crissantes de juillet

Et nous   nous demeurons pareils à nous-mêmes   rauques
    comme la rengaine de nos misères

Nous
    les bâtards sans nom
    les déracinés d'aucune terre
    les boutonneux sans âge
    les clochards nantis
    les demi-révoltés confortables

[...]

Nous
les seuls nègres aux belles certitudes blanches
    ô caravelles et grands appareillages des enfants-messies
nous les sauvages cravatés
nous attendons depuis trois siècles pêle-mêle
                        la revanche de l'histoire
                        la fée de l'Occident
                        la fonte des glaciers

Je n'oublie pas Gilles et j'ai encore dans mes mots la
    cassure par où tu coulas un jour de fleurs et
    de ferraille

[...]

(Mémoire)
© 1968 Éditions Bernard Grasset

Tu m'écris enfin mais l'encre trop pâle
m'empêche de lire   ou peut-être est-ce
la lampe qui vacille dans mon dos
ou encore mes yeux qui s'en vont à la dérive
loin de moi   et aussi loin de toi

(Moments fragiles)

La poitrine creusée de crépuscule
et pour voir le soleil chavirer
comme la nuit au fond de l'aube
j'ai cheminé seul et longtemps

parmi des tombes encore vides

(Moments fragiles)

Regrets et faillites   à quoi bon
m'en reblanchir les tempes
de tous côtés les feuilles s'accolent
et se séparent et se perdent
lors d'une vie antérieure
je fus par erreur un vagabond
fonçant dans l'ombre   un aboi de chien
j'écoutais parfois la pluie s'endormir
et vêtu de givre dur je demeure
debout dans une extase de pierre

(Moments fragiles)

Mal étrange   visite à l'improviste
vie arrêtée   ma tête penche fleur
de pissenlit qui se dessèche
mal étrange   folie blanche
misère d'agoniser sans apparence
et friable désir d'enfance
partir sans rien savoir
mal étrange yeux décousus
brûlure à la nuque   douceur
sur la poitrine   d'une mousse humide
mal étrange   cœur clarifié
la main touche   étonnée
le contour d'un visage sous mon visage

(*Moments fragiles*)

comme un amour qui vient au néant
m'emplirai la poitrine d'un souffle naïf
descendrai de la montagne avec le froid
bruirai parmi les grillons frileux
et par un lever d'étoiles hâtif
m'éloignerai de ma dernière blessure
m'allongerai couleuvre de soleil fraîchie
entre les herbes dures laisserai sur ma bouche
se poser ta nuit   paix impénétrable

(*Moments fragiles*)
© 1984 Le Noroît

Paul CHAMBERLAND
(1 9 3 9)

Natif de Longueuil et philosophe de formation, Paul Chamberland cofonde en 1963 la revue *Parti pris* et y publie plusieurs
textes théoriques où il cerne les enjeux politiques et culturels
de son époque, explore les pensées nationaliste et socialiste.
Catégorisé d'emblée comme l'un des représentants les plus
féroces de la poésie du pays à la suite de *Terre Québec* (1964) et
du poème-fleuve *L'afficheur hurle* (1965), il goûte à la ferveur
du Mai 68 parisien et évolue vers une écriture empreinte de
contre-culture. Il participe alors activement à *Mainmise* et à
Hobo-Québec tout en animant la «Fabrike d'écriture». La
transformation est significative ; les revendications ciblées
s'élargissent et, bientôt, cette poésie emprunte un ton très
essayistique et convoque fréquemment l'utopie. Professeur
de création littéraire à l'Université du Québec à Montréal,
il continue de publier des proses poétiques et des
réflexions où il se révèle un observateur perspicace de la
réalité postmoderne. De sa première manière au Chamberland des années ultérieures, une constante demeure :
cette écriture n'a cesse de réclamer un renversement des
consciences individuelles qui déboucherait sur un épanouissement collectif et une nécessaire liberté d'être.

L'afficheur hurle

j'écris à la circonstance de ma vie et de la tienne et de la
    vôtre ma femme mes camarades
j'écris le poème d'une circonstance mortelle inéluctable
ne m'en veuillez pas de ce ton familier de ce langage
    parfois gagné par des marais de silence
je ne sais plus parler
je ne sais plus que dire
la poésie n'existe plus

que dans les livres anciens tout enluminés belles voix
    d'orchidées aux antres d'origine parfums de dieux
    naissants
moi je suis pauvre et de mon nom et de ma vie
je ne sais plus que faire sur la terre
comment saurais-je parler dans les formes   avec les
    intonations qu'il faut les rimes les grands rythmes
    ensorceleurs de choses et de peuples

[…]

j'habite en une terre de crachats de matins hâves et de
    rousseurs malsaines les poètes s'y suicident et les
    femmes s'y anémient les paysages s'y lézardent et la
    rancœur purulle aux lèvres de ses habitants

non non je n'invente pas je n'invente rien   je sais je
    cherche à nommer sans bavure tel que c'est de mourir
    à petit feu tel que c'est de mourir poliment dans
    l'abjection et dans l'indignité tel que c'est de vivre
    ainsi
tel que c'est de tourner retourner sans fin dans un
    novembre perpétuel dans un délire de poète fou de
    poète d'un peuple crétinisé décervelé
vivre cela le dire et le hurler en un seul long cri de détresse
    qui déchire la terre du lit des fleuves à la cime des pins
vivre à partir d'un cri d'où seul vivre sera possible

[…]

que le poème se défigure que le poème s'appopulace
    qu'il se fasse boue et crachat au front des étoiles trop
    pures qui minaudent
    par-delà les barbelés des villes
mes étoiles seront minerais de colère et leur rayonnement
    bulldozers de futurs

que le poème se dégrade qu'il ne soit plus correct qu'il
      ne soit plus lisible qu'il offense qu'il soit l'hydrolyse
      mentale et le courrier de la fureur nouvelle

[...]

moi j'ai le goût d'être vulgaire et de vous faire le pied-
      de-nez pas en alexandrins
n'avons-nous pas oublié la grammaire dans la boutique
      des autres et Porc Claudel nous emmerde bien un peu
non
moi je préfère la culasse des fusils c'est tout mon art
      poétique et je suis fier de mal écrire
les livres la culture le chant des sphères et le sexe des
      anges
il a suffi d'une seule journée tout a volé en éclats
je n'y puis rien je n'ai plus rime ni raison

le temps des bombes m'a surpris et le temps des prisons
      le temps des évidences
me voici au rez-de-chaussée de ma vie pareil au plus
      humbles des nôtres

[...]

[...]

terre   camarades
ton nom   Québec   comme bondissement de comète dans le sommeil de nos os   comme razzia du
vent dans la broussaille de nos actes
voici que le cœur de la terre déjà bouleverse nos labours
     et nos rues et que notre cœur lui répond dans le sac-
     cage des habitudes

Québec ton nom cadence inscrite en l'épaisseur du
     besoin unanime clameur franchis la forêt de nos
     veines et dresse à la face du monde l'orée de notre
     jour

le temps de notre humanité

(L'afficheur hurle)
© 1982 Paul Chamberland

Gérald GODIN
(1 9 3 8 - 1 9 9 4)

Né à Trois-Rivières, Gérald Godin se fait d'abord connaître comme journaliste, notamment en tant que directeur de *Québec-Presse* et collaborateur à *Parti pris* dont il dirigera la maison d'édition. Nationaliste notoire, il s'engage politiquement et, en 1976, participe au triomphe historique du Parti québécois en renversant le Premier Ministre Robert Bourassa. Il occupe ce poste de député et devient titulaire de plusieurs ministères jusqu'à son décès survenu en 1994. La poésie de Godin, surtout connue grâce aux *Cantouques* de 1967, est un carrefour linguistique où se rencontrent termes archaïques et néologismes, souches populaires et anglicismes. Profondément ancrée à même une québécitude complexe, cette écriture amalgame humour, violence et tendresse en des élans dynamiques qui, entre la complainte et la charge intempestive, traduisent avec originalité l'urgence de dire d'une époque. *Ils ne demandaient qu'à brûler,* une rétrospective parue en 1987, lui mérite trois prix.

Cantouque d'amour

c'est sans bagages sans armes qu'on partira
mon steamer à seins
ô migrations ô voyages
ne resteront à mes épouses
que les ripes de mon cœur
par mes amours gossé

je viendrai chez vous un soir tu ne m'attendras pas
je serai dressé dans la porte comme une armure
haletant   je soulèverai tes jupes pour te voir avec mes mains
tu pleureras comme jamais
ton cœur retontira sur la table

62

on passera comme des icebergs dans le vin de gadelle et de mûre
pour aller mourir à jamais paquetés
dans des affaires ketchup de cœur et de foin

quand la mort viendra entre deux brasses de cœur
à l'heure du contrôle
on trichera comme des sourds
ta dernière carte sera la reine de pique
que tu me donneras comme un baiser dans le cou

et c'est tiré par mille spannes de sacres
que je partirai retrouver mes pères et mères
à l'éternelle
chasse aux snelles

quand je capoterai
un soir d'automne ou d'ailleurs
j'aurai laissé dans ton cou à l'heure du carcan
un plein casseau de baisers blancs moutons
quand je caillerai comme du vieux lait
à gauche du poêle à bois
à l'heure où la messe a vidé la maison
allant d'venant dans ma berçante en merisier
c'est pour toi seule ma petite noire
que ma berçante criera encore
comme un cœur
quand de longtemps j'aurai rejoint mes pères et mères
à l'éternelle
chasse aux snelles
mon casseau de moutons te roulera dans le cou comme
une gamme
tous les soirs après souper
à l'heure où d'ordinaire
chez vous j'ai ressoud
comme un jaloux

63

chnaille chnaille que la mort me dira
une dernière fois j'aurai vu ta vie
comme un oiseau en cage mes yeux courant fous du cygne
au poêle
voyageur pressé par la fin je te ramasserai partout
à pleines poignées
et c'est tiré par mille spannes de sacres que je partirai
trop tard crevé trop tard venu
mais heureux comme le bleu de ma vareuse
les soirs de soleil

c'est entre les pages de mon seaman's handbook
que tu me reverras fleur noire et séchée
qu'on soupera encore ensemble
au vin de gadelle et de mûre
entre deux casseaux de baisers fins comme ton châle
les soirs de bonne veillée

(Cantouques)

Michel BEAULIEU
(1 9 4 1 - 1 9 8 5)

Né à Montréal, Michel Beaulieu donne en 1964 le coup d'envoi d'une œuvre qui comprend plus de trente recueils en publiant *Pour chanter dans les chaînes* aux Éditions la Québécoise. Il fonde les Éditions Estérel en 1965, qui accueillent entre autres Nicole Brossard et Raôul Duguay. Poète éminent, Beaulieu explore et cerne patiemment les désirs et les sensations qui traversent l'homme, son rapport à la mémoire et au quotidien en constante évolution. Cette écriture digère les tendances qui l'entourent pour en arriver à un modernisme singulier. Outre cette abondante production poétique et son activité éditoriale, Beaulieu est également critique, traducteur, auteur de trois romans et d'une pièce de théâtre. *Oracle des ombres* date de 1979. Parue en 1980, la rétrospective *Desseins* comprend une part importante de ses premiers recueils. Par la suite, *Visages* (1982) et *Kaléidoscope ou les aléas du corps grave* (1984), que d'aucuns considèrent comme son œuvre la plus achevée, confirment le sérieux d'une démarche soucieuse d'approfondir le choc de l'âme et du monde. *Trivialités* (2001) est une publication posthume.

Mauvais jour

tout ce qui suinte de ce temps
l'orage aux dents le ventre exacerbé
la tête en faisceaux sur la tendresse niée
tout ce qui se brise dans la voix
ces mots reflués
cette rancœur dans les poumons
quand la fatigue nous rogne les sens
tout cela qui nous entrave
les arêtes fichées sous les aisselles

ce repli sur soi des petites occasions
tout ce qui transpire des murs
la chasse aux mouches au mois de mai
cette allusion à la mémoire
un arrière-goût d'amandes
parmi les œufs de cyanure
tout ce qui échappe à notre entendement
ce jour quand il s'enchâsse
avec ses revêtements de plastique
dans nos respirateurs artificiels
cette nuit quand elle détend nos nerfs
tout ce qui aspire à l'oubli
bol de café reliefs appétit de sucre
plombages
tout ce temps passé à médire
cette fatigue cet émoi
tout ce qui se meut dans les chambres
percolateurs chats
en raréfiant le silence de l'éveil
tout cela cette conscience de soi
le jour qui vient s'apprête mal
noué dans ses propres parfums
tout ce qui s'épuise dans nos membres
l'oraison tatouée aux coins de l'âme
la vibration des télégrammes
le front se fixe ailleurs au monde
sassé de l'une à l'autre main
quand tu butines les téléphones
en portant là tes messages désarmés
tout ça tout
ça
ça tout ça
tout ça

(*Oracle des ombres*)

Fleurons glorieux
(divertissement)

1.

tu vas
tu vaques à tes affaires
tes navigations coutumières
dans la fluidité de la ville
où se rétrécit ton territoire
jusqu'à la peau de chagrin
comme tout un tu te débrouilles
tant bien que mal et plutôt mal
que bien sur le plan pécuniaire
tu écoutes chaque soir ou presque
attentivement le journal
télévisé la voix de catherine
bergman et celles
des correspondants à l'étranger
depuis quand gardes-tu
tes distances devant l'histoire
le passé l'avenir
tu as beau te dire sait-on
jamais tu vis dans la tranquille
assurance du lendemain
jamais tu ne rentreras pas
jamais tu n'abandonneras
derrière toi tes familles

9.

tu vas
tu vaques à tes affaires
la couverture des villes convient
qui te rend à l'anonymat des données
démographiques des listes d'électeurs
où tu relèves de tes voisins le nom
de ceux que sans les connaître
tu aperçois au hasard des courses
du samedi des ordinateurs
qui jalonneront tes dérives
jusqu'à ton enterrement

(Kaléidoscope, ou les aléas du corps grave)

Entre autres villes 31

29.

tu fais semblant de ne pas
connaître les paroles de l'air
qu'elle chantonne à ton intention
depuis bientôt vingt minutes
sans discontinuer tu n'oses pas
vraiment croire qu'elle agit ainsi
comme toi-même tu l'aurais fait
si tu y avais pensé plutôt qu'elle
et feins de vouloir entreprendre
quelque conversation sur un sujet
vaguement exotique dont tu possèdes
certains rudiments mais elle va
s'étendre et tu ne t'amuses plus
tu ne comprendras rien jusqu'au soir
où vous direz nous avons tout brûlé

(Kaléidoscope, ou les aléas du corps grave)

« je n'ai jamais voulu qu'écrire ma vie... »

je n'ai jamais voulu qu'écrire ma vie
te contraindre à l'égarement dans un espace
où je n'existe pas mais tu ne liras
ce poème nulle part ailleurs qu'ici
camouflé sous ses traits d'encre noire
ignorant s'il s'agissait bien de toi
de ce visage perdu qui remonte
ainsi qu'il arrive à la surface
ou d'une inflexion de voix d'une odeur
de ton châle blanc de ce jour
de mes dix-sept ans

(*Trivialités*)

69

Michel GARNEAU
(1 9 3 9)

Né à Montréal, Michel Garneau, parallèlement à une carrière radiophonique multiforme et fructueuse, amorce à partir de 1962 un cycle poétique intitulé *Langage,* série de six petits recueils qui atteint son point culminant en 1977 avec *Les Petits Chevals amoureux,* exploration du cœur et de la sexualité d'une rare beauté. Tout comme dans *Moments* (1973), ou dans *Une pelletée de nuages* (1999), le langage prosaïque y rencontre un lyrisme chaleureux et dynamique qui s'enracine à même l'oralité et le quotidien. C'est aussi grâce à son écriture dramaturgique que Garneau est reconnu, notamment avec une traduction toute québécoise du *Macbeth* de Shakespeare et la pièce *Émilie ne sera plus jamais cueillie par l'anémone* (1982).

[...]

futailles et futaine fontaines et broutilles
broussailles et bourrillés
les mots me viennent de loin
d'un propre besoin d'un propre plaisir
et je suis loin dans mon assiette
ce que je fais de mieux depuis des mois
c'est un rêve où le malheur est clair
comme de l'eau de rocher
où je marche comme pour le fuir vraiment
tenant par la main le bonheur qui a douze ans
et je m'éveille tout l'temps dans le repli
dans le recul et je n'ai plus le temps
de sauter dans les feuilles
et c'est cette fois l'automne sans que j'y sois
mais pourtant une fois de plus
mon sang me roussit dedans comme une guitare
et j'ai au fond des mains une douceur
grande comme la force

et je me donne malgré moi le goût de vivre
hors de toute rage
hors de tout espoir
et parmi une certaine lâcheté
parce que je ne sais pas quoi violenter
loin loin loin derrière la réalité
attentif
je m'assois dans les mots
comme dans un tas de feuilles
et j'attends

(Moments)

Pierre MORENCY
(1 9 4 2)

Natif de Lauzon, Pierre Morency se distingue sur la scène culturelle de Québec, animant de nombreuses activités théâtrales et
poétiques. Pour la radio, il signe plus de deux cents textes
et soixante émissions sur les oiseaux. Membre du groupe
Poètes sur parole, cofondateur de la revue *Estuaire,* il publie un
premier recueil, *Poèmes de la froide merveille de vivre,* en 1967.
Depuis, très largement reconnu, il poursuit une traversée
lyrique de la parole qui se distingue par une oralité assumée
et la place prépondérante qu'y occupe la nature. En
témoignent la rétrospective *Quand nous serons* (1988) et le
recueil *Les paroles qui marchent dans la nuit (1996).*

Elle

Elle avance dans moi par des voies sans lumière
Et le jour petit-lait se répand tout à coup
Sa main subtile allume à chaque instant la paille cachée
Ah que j'aime cette femme et que le monde est opaque
Le vrai des choses grésille sous les apparences
Et puis l'âme est si loin tapie, on dirait même
Que des eaux secrètes en dedans font notre silence
Elle avance dans moi   moi dans elle par bonds
Par blessure par joie par une pulsation de l'air
Par battement de racines par danse des feuilles
Mais c'est plein de miroirs au creux de nous
C'est un manège au creux de nous qui ne s'arrête pas

Elle avance dans moi blessée   moi dans elle sans tête
Moi dans elle sans yeux sans visage sans mains
Nous nous habiterons l'un et l'autre sans raison
Nus   sans couleurs   au terme du voyage

(Poèmes de la froide merveille de vivre)

72

c'est ici que je me trouve et que vous êtes
c'est sur cette feuille
où je suis ici plus moi que dans la peau de l'ours
où je suis ici plus creux que l'ancre du chaland
et plus crieur et plus mêlé au monde

ici et pas ailleurs que je file comme la flèche
ici que je pousse dans le sang
ici que j'engueule dans les corps

le nord n'est pas dans la boussole il est ici
le désarroi des têtes n'est pas dans la foule
il est ici
le plus vrai de la ville n'est pas dans la ville
il est ici   pas ailleurs
et c'est sur cette feuille que je nais
et c'est sur cette feuille qu'on me meurt

il fait plus clair ici que dans l'œil du hibou
il fait meilleur ici que sous la peau des enfants
car c'est ici qu'on défonce et qu'on s'écrit
ici et pas dans les drapeaux
ici et pas dans les paysages

(Lieu de naissance)

Raôul DUGUAY
(1 9 3 9)

Né à Val-d'Or en Abitibi, Raôul Duguay s'installe à Montréal au milieu des années 1960 où il étudie la philosophie. En compagnie du musicien Walter Boudreau, il fonde L'Infonie, une formation des plus éclatées qui fusionne allègrement jazz, poésie, chanson, rock et expérimentation sonore. L'essentiel de sa production poétique paraît entre 1966 et 1971, et les recueils *Or le cycle du sang dure donc* (1967) et *Lapokalypsô* (1971) apparaissent, au-delà de l'étiquette contre-culturelle, comme des hybrides entre un travail rythmique patent et une entrée en des territoires cosmiques, une volonté d'entrer dans le Grand Tout. Jusqu'à son recueil *Nu tout nu : le rêveur réveillé* (1997), Duguay tente à travers ses mots de redonner à l'homme son plein potentiel créateur et livre un message pacifique et fraternel, refusant les valeurs de la société de consommation. Après l'aventure de L'Infonie, il fait cavalier seul et signe le succès «La Bittt à Tibi» avant de devenir animateur à la radio.

Arbre généalogique de toulmonde

ô

a a

ma ta

oui non

tout rien

fleur ortie

oiseau vipère

univers cellule

ordre un désordre

astérisme nébuleuse

atome pain beurre feu

air liberté eau esclave

soleil champ ville ruelle

planète terre globe lunaire

lumière jardin ombre asphalte

arbre joie jour nuit pleur peur

maison table blé chambre province

pays pierre temps espace poussières

orient plein amour occident vide faim

sourire caresse toi lui crainte travail

bonheur printemps on eux muscles fer pied

main sein femme bonté sexe bras femme roche

cœur essence soif foi corps existence prison

lumière feuille été jus automne plastique béton

montagne cheval sentiers vallée automobile ciment

œuf éclosion santé maman bombe explosion sang bobo

musique étoile neige sapin cri sommeil crépuscule loi

couleur rythme papillon jeu ver gris vitesse stop meute

danse vague océan rivage sel accident visage écume coulée

chant prière parole livre sol machine radio télévision plan

dessin ligne courbe volume pas building argent électricité go

fruit légume lait miel céréales hot dog hamburger steak patates

enfant femme beauté paix HOMMME HOMMME animal végétal minéral mû

(L'apokalipsó)

Nicole BROSSARD
(1 9 4 3)

Née à Montréal, Nicole Brossard complète des études en lettres
et, aux côtés de Roger Soublière, fonde en 1965 la revue *La
Barre du jour.* La même année, *Aube à la saison* est l'amorce d'une
œuvre essentielle de la poésie québécoise. Dès 1968 débute un
engagement culturel soutenu tant au Québec qu'à l'étranger, et
la Rencontre des écrivains sur la femme et l'écriture en 1975
la mène à participer plus étroitement au combat féministe.
Elle cofonde alors le journal *Les Têtes de Pioche* et participe à
la création collective *La Nef des sorcières* que présentera le
TNM. Paru en 1978, *Le Centre blanc* couvre l'ensemble de sa
production jusqu'en 1975. En 1984, *Double Impression,* une
nouvelle rétrospective, propose une sélection de poèmes et
d'essais brefs composés entre 1967 et 1984. Qu'il s'agisse
de création ou de textes théoriques, les écrits de Brossard
ont influencé la vague des poètes formalistes en proposant
une exploration serrée des rouages de l'imaginaire et de la
signification. Guidée par de nombreux impératifs intel-
lectuels, cette poésie, en intégrant peu à peu la problématique féministe au cœur de ses préoccupations, a évolué
vers une plus grande sensualité tout en s'attachant à une
démarche réflexive. L'écrivaine cumule prix et distinctions,
par exemple le très prestigieux prix Athanase-David.

Simulation

[...]

LA PROSE

quand elle dit au je (critère et cratère)
dans la taille de la pierre sa main vigilante
résume dans la ville le climat

ainsi que l'encre s'ouvre
quant à la bouche pleine de modulations

*
* *

alors vient le bris de la langue la brise
l'étreinte dans le graphique parmi
les fragments de ce corps (petite mort fondue)
intraduisible

*
* *

on ne pose pas l'écriture en s'imaginant
que la réalité pourrait être autrement
plus douce. On les lie (c'est cette gerbe)
sous l'apparence de l'encre avec
des nœuds baroques dans la gorge
épines bélier
cherchant le synchronisme
cailloux jardin
l'espace transitoire

(Double Impression)

Marginal way

les émotions rares, difficiles
peut-on les surprendre à l'improviste
comme un double la mer autour et définie
si certaine renouant avec le projet
si l'écriture s'entend car réelle
ou devant le paysage (beyond)
la pensée s'insinue puis spatiale
la volonté sans autrement est-ce
désir, délivrance ou fictive l'histoire
du mot *mind* du moment qu'elle écrit
encore pour qui naît fluide

[...]

voilà l'allure positive des peaux
qui regardent une fois de plus venir
la sonorité des jeux électroniques
qu'on entend brièvement
fuir le long de l'horizon
peaux aériennes calmement
se détournent des fragments

[...]

la sensation éperdument la certitude
c'est elle d'abord au comble
translucide dans le contour des pelouses
les gestes étaient conséquence subliminale
alors je pris le paysage en elle
pour acquis double sea binding
le corps au chaud

non loin de la sonorité des jeux
les continents se succèdent dans
l'ombre vous pensez à la passion

[...]

l'intention la beauté extrême
le paysage tu l'ajoutes à la lumière
du penchant
l'heure est plausible beyond reality
le corps cosmique s'approche au loin
in the marginal way, l'attitude flagrante

[...]

la mémoire façonne avec espoir
sur la falaise l'érosion le dictionnaire
tu choisis la langue le contraste
alors émerge dans la vive affirmation
procédant dans ton regard antérieur
retiens pour la fiction
la démarche holographique

[...]

(Double Impression)

Gilbert LANGEVIN
(1 9 3 8 - 1 9 9 5)

Né à La Doré au Lac-Saint-Jean, Gilbert Langevin s'installe à Montréal en 1958 et fonde les Éditions Atys où il publie ses premiers recueils. Parallèlement à son activité poétique, il met sur pied un mouvement «fraternaliste» à teneur existentialiste-marxiste, organise des soirées de poésie et signe des chansons pour Pauline Julien. Après la phase Atys, il se joint à la maison Esterel avant que soit publié en 1971 aux Éditions du Jour *Origines,* une rétrospective qui contient la majeure partie de ses œuvres parues entre 1959 et 1967. Les années 1970 représentent une période prolifique qui voit entre autres naître *Les Écrits de Zéro Legel* (1972) et *Mon refuge est un volcan* (1978). Paru en 1980, *Le Fou solidaire* témoigne de la folie douce qui caractérise l'écriture de Langevin, cocktail de révolte, d'humour grinçant et de tendresse lucide. Il poursuit son travail poétique en publiant régulièrement jusqu'à son décès survenu en 1995. Entre l'amour, la fraternité et une omniprésente envie de danser sur le «corps du Fichier central», l'auteur tisse une œuvre inclassable qui supporte bien l'épreuve du temps.

Le treize heureux

III

On a scalpé les créneaux
du plaisir de vivre

existence à la manque
palier d'être où domine
un escadron de fossiles

tendresse complice
arme-nous de révolte

tendresse épuise
nos ressources de néant

Ixe temps

IV

Il est tard en tous points
et s'assèchent les paraboles

âme écartelée
vénus moribonde
mémoire en colère
avenir fusil

amoureuse émeute
poésie

(Le fou solidaire)

Roger DES ROCHES
(1 9 5 0)

Né à Trois-Rivières, Roger Des Roches est l'un des piliers des Herbes rouges. Avant de se joindre à ce groupe, il évolue dans le milieu de l'édition et de l'informatique tout en cofondant les revues *Éther* et *Stratégie*. *Tous, corps accessoires,* publié en 1979, réunit ses six premiers recueils. *Autour de Françoise Sagan indélébile* (1975), qui rassemble des poèmes et des proses écrits entre 1969 et 1971, donne bien la mesure de cette œuvre hybride qui emprunte tant au formalisme qu'au surréalisme et sait convoquer l'humour et l'ironie. Au fil de quelque trente livres, Des Roches tend à faire de l'amour tel qu'il est vécu dans la quotidienneté la pierre angulaire de sa démarche poétique. *Nuit, penser* lui vaut le grand prix du Festival international de poésie de Trois-Rivières 2001.

À Françoise Sagan indélébile

au réveil au réveil (le lit est pétrifié de peur sortant du froid) je pense à Françoise Sagan nue je bois mon lait mamelon par mamelon en l'imaginant totalement nue péristaltique molle partout molle (moleskine frère c'est à fumer debout) encore à son bain à ma table au déjeuner c'est le ciel qui en crève je me lève on dirait des hérissons épithètes durs comme des clous et affreusement sexués Françoise Sagan habite mon caleçon du dimanche c'est une ruse pour écrire calmement je bois mon lait à ses mamelons entre autres dans les autobus du centre-ville on a installé des affiches pour annoncer une nouvelle position non incluse dans la dernière édition du Livre tout s'inscrit dans un cube il y a plusieurs diversifications subtiles possibles elle les connaît toutes   elle peint ses lèvres (un mur de ma chambre est tombé par terre on y a placé un robinet à usage interne seulement) (les chiens ont levé bien au-dessus de leurs

têtes le silex pré-circoncis de leurs yeux au-dessus des ruelles c'était
comme un champ de trèfle sous les projecteurs farineux)   au
réveil au réveil je dors et Westinghouse veille à ma vie
quotidienne incrusté à l'endos de la feuille (une large tache de
sperme antédiluvien plongeait Paris dans la plus complète
antiquité   on accusa les satellites)

au réveil au réveil   Sagan
enroulée dans le filtre de ma première cigarette pileuse
café crème que je remue avec mon sexe

  a) peste bulbonique pour   8 h
  b) "   "   "   9 h
  c) "   "   "   15 h
  d) le reste de la journée tombe
dans le cercle des maladies qu'on tait

[...]

(Autour de Françoise Sagan indélébile)
© 1979 Les Herbes rouges

André ROY
(1 9 4 4)

Né à Montréal, André Roy étudie la littérature au plus haut niveau, l'enseigne, en fait la critique. Il se distingue en tant que chroniqueur de cinéma. Il travaille également dans le milieu de l'édition depuis de nombreuses années : codirecteur d'*Hobo-Québec* (1972-1974), directeur de la collection «Proses du Jour» aux Éditions du Jour (1973-1974) et de la collection «Écrire» aux Éditions de l'Aurore (1974-1975), cofondateur et rédacteur en chef de *Spirale* (1979-1983), codirecteur des éditions et de la revue *Les Herbes rouges* (1983-1985), rédacteur aux Éditions de l'Hexagone (1986-1988) et aux Herbes rouges. Poète, il a tôt fait de s'affirmer, avec les recueils *N'importe qu'elle page* (1973) et *L'Espace de voir* (1974), comme une figure de proue du formalisme. Dès 1979, *Les Passions du samedi* amorce une exploration de l'érotisme homosexuel qui joue aussi bien la carte de l'aveu sensible que celle de la froide dissection. Par la suite, dans *Vies* (1998) par exemple, Roy s'aventure en zone minimaliste, évacue le superflu pour en venir à une poésie esthétisée au maximum, quoique dépouillée.

Ridé et fatigué

nuque la main suit tombent les vêtements
intense comme un petit animal d'un seul jet
d'un seul seulement,
deux langues où la salive ne faiblit point
(mais j'oublie la belle étiquette)
suis tout ridé à force de lutter
ou d'aimer simplement quand
la fatigue me retient en plus (l'usage de
la fatigue, sa musique comme cadeau le samedi matin
quand le lever embrouillé) et la disposition des
membres quand le jour nous familiarise, draps nerveux
oui j'imagine tout comme dans un film vous imaginez

(Les Passions du samedi)
© 1979 Les Herbes rouges

François CHARRON
(1 9 5 2)

Né à Longueuil, François Charron est d'abord professeur de littérature, mais décide de se consacrer entièrement à l'écriture. En outre, il s'adonne plusieurs années à la peinture. Il cofonde avec Roger Des Roches les revues *Éther* et *Stratégie* et publie en 1972 un recueil intitulé *18 assauts*. L'une des dynamos du renouveau poétique québécois, ce Charron première manière porte en lui des influences marxistes et donne volontiers dans l'envolée carnavalesque et la dérision. En 1978, *Blessures* (prix Émile-Nelligan) ouvre une veine métaphysique à laquelle s'ancrera son écriture, et une subjectivité inquiète y questionne d'abondance la place de l'homme, l'angoisse d'être au monde sous toutes ses coutures. *La Vie n'a pas de sens* (1985) puis *La Fragilité des choses* (1987) s'imposent comme des œuvres marquantes et, tout en poursuivant son parcours poétique que l'on remarque (ex. : *Le Passé ne dure que cinq secondes,* 1996), Charron se distingue par des textes critiques qui interrogent la pensée nationaliste, et une poésie soucieuse de la portée métaphysique de l'existence.

> Notre corps est un souvenir qui n'a plus de
> Fenêtre. Ce n'est pas la peine de courir,
> L'espace se soulève tout seul pour nous
> Toucher un peu, l'espace emmène le souvenir
> À la vitesse de l'avion qui nous effraie.
> Et le cœur, ce vieux mot usé, un instant
> Remonte par nos faims et par nos soifs,
> Le cœur s'égare sur les toits des villes,
> Son périmètre reste impossible à imaginer.
> La vie ne peut plus attendre, la vie est
> Tout à fait la vie.

(La Vie n'a pas de sens)

C'est toujours la même image. Nous avons une
Fièvre en trop, nous avons une fièvre qui tournoie
Et modifie les marges du territoire. Une passion
Dévorante est venue décalquer notre façade sans
Ombre, sans relique. Elle s'est immiscée à la
Frontière des conflits, des intrigues, des échanges
De chair et de rêve. Chaque fois, chaque première
Fois nous allons partir en effaçant cela, nos
Malaises, notre errance. C'est vrai, partout,
Avec nous, de toutes parts ; partir vers les
Grands barrages, apprendre lentement à poursuivre
Au-delà. Allongés ou assis, c'est encore la même
Image.

(*La Vie n'a pas de sens*)

La page est déchirée

La page est déchirée, un homme se tient
la tête, un homme observe la terre qui
s'ouvre. Le jour succède à la nuit, la
déchirure est toujours là. Il n'y a pas
de vent, les arbres se taisent. Le silence
s'avère complet. L'homme n'a même plus
la certitude d'être près de quelque chose,
de ressembler à quelqu'un. Les pages se
dressent et se défont devant ses yeux.
Les larmes sont inutiles.

(*La Fragilité des choses*)

Vivre

J'imagine que je suis ici seulement comme
ça, en passant. Le miroir est rond devant
moi. La terre est ronde. Je ne sais pas
mentir. Rien d'autre ne m'intéresse pour le
moment. Une fois lavé, je me sens mieux.
J'ai les dents propres, mes mains restent
blanches. Une femme sur mon lit dort à côté
de moi. J'ai fermé la porte. Je la regarde
dormir. La vie ne commence pas, la vie ne
finit pas. Cette femme dort toujours. Les
oiseaux dorment aussi. La porte ne ferme pas
entièrement. La nuit reste facile. Il n'y a
aucune silhouette sur les trottoirs. La vie
se poursuit tout doucement.

(*La Fragilité des choses*)

Soleil couchant

Je me dis que les hommes s'accrochent toujours
aux mêmes phrases pour ne pas mourir. Ce jour-là,
plus tard, j'entends les mêmes phrases qui
montent la garde auprès des hommes. Les drapeaux
ondulent et se fatiguent, des barques s'enfoncent
derrière les hommes, derrière leurs pouvoirs.
Lorsque le soleil se couche, les drapeaux
comme les barques ne sont plus nécessaires.
Chercher une fin ou retenir une phrase n'est
plus nécessaire.

(*La Fragilité des choses*)

France THÉORET
(1 9 4 2)

Native de Montréal, France Théoret enseigne la littérature au Cégep d'Ahuntsic durant dix-neuf ans. Membre du comité de direction de *La Barre du jour,* cofondatrice du journal *Les Têtes de pioche* et de *Spirale,* elle entame son œuvre en 1976 et un style très personnel s'y profile déjà. Loin de s'embarrasser de frontières génériques, elle assimile le formalisme et le discours féministe tout en conviant le théâtre, l'essai, le récit, le journal intime et la poésie. Chez France Théoret, la prise de conscience devient possible par l'entremise d'un complexe et douloureux rapport au corps, ce dont témoignent les recueils *Bloody Mary* (1977) et *Nécessairement putain* (1980). Quelque cinquante revues, au Québec et à l'étranger, ont publié ses écrits. Une dizaine d'anthologies ont repris ses textes. Parallèlement, elle s'adonne aussi au roman.

Elle porte des vêtements doux à chaque pas de plier sous son bras, sa jambe. Elle a l'honnêteté des morts qui se sont tus et la beauté des profils égyptiens. Elle garde la totalité pour la totalité. Elle ne peut morceler le corps et ne donne aucune envie au voyeur, elle fait corps avec les vêtements et c'est d'une telle richesse que sa minceur s'incorpore et fait tissu d'une robe, d'un manteau. Elle est nue même vêtue, il n'y a de surplus et d'empêtrements qu'ailleurs. Il n'y a pas de calcul non plus. Elle part d'un fruit, elle bouge d'un pas, elle grandit à chaque mouvement, elle ne se sépare pas, elle ne juge pas, elle voit dans ce qui ne se voit pas, elle se reflète sans doute dans la pupille des passants qui se referment aussitôt.

[...]

Elle, là, tout à fait superficielle. Poreuse et dangereusement opaque aussi. Inessentielle pour tout dire. Reflets. Elle arrive à point nommée. Elle s'offre gravement dans la certitude d'être Mortelle à chaque pas. Elle porte les passants dans l'oreille.

[...]

Je vis de légèreté, je vis de calme, je vis des autres. Je montrerai partout ce qui fait la vieillesse du cœur et je suis contingente. Quand pourrais-je coïncider quelque part lèvres de feu et opérations du cerveau? La beauté et c'est cela qui fera m'éclater d'amour éphémère, fragile, composée, harmonieuse, sensuelle et follement mortelle. Visage de ma face. Espace de survivance. Au-delà de l'obéissance et des obligations, en toute solitude, en toute cassure, toute déperdition me voici. Lorsque bougent les forces vives

(Nécessairement putain)
© 1991 Éditions de l'Hexagone et France Théoret

Madeleine GAGNON
(1 9 3 8)

Née à Amqui, Madeleine Gagnon a enseigné la littérature à l'Université du Québec à Montréal avant de se consacrer exclusivement à l'écriture. Conférencière invitée dans plusieurs universités, elle a aussi donné de multiples entrevues à des périodiques à travers le monde. Son premier recueil, *Pour les femmes et tous les autres,* paraît en 1974. Son œuvre a reçu plusieurs prix et décorations : elle s'est vue décerner le prix Arthur-Buies (1990) pour l'ensemble de sa production, et le prix de poésie du Gouverneur général du Canada (1991) pour *Chant pour un Québec lointain.* En 2000, son essai *Les Femmes et la guerre,* publié en France chez Fayard sous le titre *Anna, Jeanne, Samia,* est largement commenté des deux côtés de l'Atlantique. Son recueil *Les Fleurs du Catalpa,* pour lequel elle reçoit le prix du Journal de Montréal-UNEQ, regroupe des poèmes qui collent au devenir quotidien et questionnent les modes d'être au monde. Ce parcours se prolonge dans *La terre est remplie de langage,* un recueil ouvert sur le rapport entre l'écriture et le monde sensible.

Marcher, respirer, laisser venir des noms
et dire je suis
Une seule métaphore guide mon mouvement
d'une simplicité
à pleurer
l'autobiographie dans le décor
présent
l'offrande du matin
à qui penses-tu ?
l'oubli d'une heure précise

(« Gestalt », *Les Fleurs du Catalpa*)

Alors ne voyant plus les traces
sur papier d'arche de vélin
je viens au monde du pinceau de la plume
à la mémoire animale peut-être
dédiée au livre défait
décomposé de ses cinquante noms de neige
comme le lait ou les cheveux ou les ans
éternelles
et muettes
lointaines dans les pas perdus d'une infinie matière
la route nordique
le déploiement des draps
glaces-balises
une mariée de mots cherche sa voix à travers voiles
une langue en chair et en os
dans la transparence
des encres

(« Gestalt », Les Fleurs du Catalpa)

Le sixième sens la poésie
celui affûtant tous les autres
au moindre crépitement les ouvre
j'aime être là en ce siècle
où parlent les femmes
ce qu'elles ont à dire ne fait pas
si mal que ça quand on se donne
la peine d'entendre la chair
des mots qui changent l'ordre
des choses courant à tous
vents offerts à la palpitation

(« Pour avoir déjà conçu la vie », Les Fleurs du Catalpa)

Fille d'Amérindiens mythiques
et d'insoumis sauvages
dans l'amas de cabanes
les pères ont dispersé
les écritures profanes
fouiller l'écrit
comme on cherche la mère
son cri rouge dans les neiges
chercher l'infante
des songes creux
J'ai recueilli
le testament sonore
des anciens
et ne me reconnais
aucun territoire
aucune patrie

(« Étrange filiation », Les Fleurs du Catalpa)
© 1986 Madeleine Gagnon

(La terre est remplie de langage)

Quand l'étoile polaire a glissé vers Vénus, le jure, je m'en
souviens, c'est si rare, aux aguets, mine de rien, peau tendue
vers ce frôlement d'étoiles d'habitude si lointaines, j'ai
appris à parler. On peut choisir pas mal de choses — mots,
style ou mort —, mais la vie, on ne la choisit pas. On y entre
l'œil ouvert (ou fermé), mais c'est aveugle qu'a lieu ce passage
du rien à la chose. C'est aveugle, avec du souffle et un cri. C'est
pareil pour les roses. Il n'y a qu'à les entendre sur l'heure du
midi.

(La Terre est remplie de langage)

92

On laisse venir et d'un coup c'est demain, le style à portée, les souvenirs, l'arrêt du temps. Il y eut ce chant, puis il n'y eut plus rien, tombait le soir, les oiseaux tus, un vœu dans le cahier des tombes, une promesse au vent, un secret bien gardé. L'enfant donne sa langue aux chats : une odeur occupait la journée. À travers coups de marteau printaniers, à travers pépiements, un seul parfum avait raison de tout. Au commencement du monde, il y eut cette odeur qui jamais ne s'écrit.

(La Terre est remplie de langage)

L'enfant compose son histoire. Minuit n'a pas sonné, tous les clochers se taisent, il est l'heure d'inventer. C'est la pensée des pierres qui fracasse la nuit. Poésie, fibreuse parole. Ne sachant pas des mots, l'enfant dit : «Où sont passés les autres ? Impossible de mourir en même temps partout. À gué ou noyée, je traverse. Le ciel est rempli de courage.» Le ciel est le dehors dedans. De main d'encre, tout recoller. Ça laisse une marque. L'oubli voit à la suite. Jusque dans l'outre-vie.

(La Terre est remplie de langage)

Denis VANIER
(1 9 4 9 - 2 0 0 0)

Né à Longueuil, Denis Vanier publie *Je* dès l'âge de seize ans et revient à la charge trois ans plus tard avec *Pornographic Delicatessen* (1968). Fort de deux préfaces de Claude Gauvreau, il pousse plus loin la provocation en signant en 1972 *Lesbiennes d'acid,* recueil impitoyable qui saccage joyeusement les tabous de tout ordre et se présente comme le joyau d'une contre-culture exacerbée au maximum. S'attaquant sans vergogne à tout ce qui monopolise l'esprit et l'agir humain, il mitraille aussi bien l'Hexagone que Radio-Canada ou Eaton. Critique à *Mainmise,* codirecteur d'*Hobo-Québec,* il multiplie, jusqu'à son dernier recueil, *L'Urine des forêts* (1999), les constats violents, se moque de l'élitisme tous azimuts et n'hésite pas à s'engager sur des terrains aussi minés que ceux de la sexualité crue, de la criminalité et de la drogue. Reconnu pour ses excès et sa verve démesurée, Vanier assume ses prises de position et aspire à une sainteté qui n'est envisageable qu'à l'écart d'une société bien-pensante et du propos courant.

Perdre ses couleurs

J'ai souvenir d'un lieu nommé mémoire
où l'air tranché d'une tornade embaume
que la mer en pleure.
Cuba, 16 juillet 1995

(Renier son sang)

Le sang des saintes

Je n'aide en rien
flambant le principe
comme un filet de sucre,

même l'invisible moisit,

tu iras en prison, gibet au cœur
en carré dans l'ordre des choses,
attendant la déportation des apatrides.

(Renier son sang)

Pur comme l'alcool

J'ai failli mourir d'amour
pour le faits divers
du corps de cet ange blessé
qui étrangle les sirènes,

détaché comme une queue de cerise
sur un coton de sang

un virus n'est jamais blanc
car Dieu ne signe que les taches de naissance.

En s'enlevant la vie hors de nous
violant l'erreur biologique
du plaisir de tomber
amputé d'allégresse,
sans passion,
je sombrerai dévoré
par la sobriété des insectes,

je suis armé d'aimants vidangeurs,
je pue le sucré,
le sel sale du sang,
rampe et drave à l'heure des loups.

(Renier son sang)

Pur comme l'amour

Qui ne se souvient d'une mère
Jouissant au four,
Lors du Ramadan,
Bouillant le diable en vitamines,
Nous n'avons jamais mangé
Dérangé par ces écrits fluorescents :

Manger et se laver
Sont hautement prescrits.
Ces droits seront livrés
Avec force et exactitude,
À ceux concernés
Et ciblés en permanence.

(Renier son sang)
© 1996 Les Herbes rouges

Josée YVON
(1 9 5 0 - 1 9 9 4)

Née à Montréal, Josée Yvon collabore à *Hobo-Québec* et travaille en quelques occasions auprès de Denis Vanier avec qui elle signe *Koréphilie* en 1981. Dès *Filles-commandos bandées* (1976), cette écriture révoltée qui s'enracine à même un réel marginal pose problème au discours féministe. La subversion se poursuit avec des titres tels *La Chienne de l'hôtel Tropicana* (1977), *Travesties-kamikaze* (1980), *Danseuses-mamelouk* (1982) et *Maîtresses-Cherokees* (1983), et ce ton provocateur à mi-chemin entre affirmation et déchéance complaisante suffit à faire de Josée Yvon une figure ambiguë. La cohabitation de la culture populaire des bars et du savoir littéraire, loin de dissiper les questionnements, est un paradoxe nourri qui ajoute à l'originalité d'une poésie qui gêne en se dérobant à la catégorisation.

> Infra-rouges, les tournesols les sauvent
> des cercueils de mahant
> elles eurent le plaisir de changer vite
> mélangeant le dektol avec le fix
> sans vocation de paraplégique chambreuse
> elles sont des heurts
> dans le secrétariat confort-vieillesse irrémédiable
> plus les mêmes.
> Chez Belle, Donna et Angie vivent à Montréal.
> Angie s'entraîne au music-hall, des cours de tout ce
> qui remue en singe-écureuil ou en déesse à six bras, le
> ballet, la claquette, le mime, le chant, le ballet-jazz.
> Les infantes dans leur tête de sœur, filles addictes,
> le seigle et le lin et une tarentule les nerfs dans ses
> cheveux
> puisque la loi juive interdit de prier seule
> une toupie et une bavette
> le mal fleur.

Elles ont continué vers le Nord, jusqu'à Sept-Îles et de
retour Donna de dire : « Ça vaut pas la peine d'aller
plus loin, t'as pas vu celles qui sont revenues. »
Donna et ses crayons à dix sous, prise au piège de la
phrase, on n'est jamais en paix avec la création.
Pas comme Petrone qui fait frapper ses personnages
Pour qu'ils écrivent.

(Maîtresses-Cherokees)

© Les Herbes rouges

Normand
DE BELLEFEUILLE
(1 9 4 9)

Né à Montréal, Normand de Bellefeuille, qui enseigne la littérature au Collège de Maisonneuve, se joint au groupe des Herbes rouges en 1974. Chroniqueur à *La Presse* en 1976-1977, collaborateur à *La Nouvelle Barre du jour,* il publie plusieurs recueils, dont certains en duo avec Roger Des Roches et Marcel Labine. L'un des principaux tenants du mouvement formaliste, il signe des textes en prose qui mettent en scène un imaginaire matériel tiraillé entre la recherche de l'origine et le spectre de la mort, notamment dans *Les Grandes Familles* (1977) et *Le Livre du devoir* (1983, prix Émile-Nelligan). Peu à peu, cette écriture se dirige vers un plus grand dépouillement, allant jusqu'à atteindre un niveau de clarté étonnant en 1999 avec *La Marche de l'aveugle sans son chien* (prix Alain-Grandbois et du Gouverneur général du Canada).

La mort est verticale

24.

Les douleurs
ne crient pas toutes
celles du soir
ne crient pas
celles du soir
rampent plutôt
avec le luxe maximum
des animaux à écailles
rampent jusqu'aux lieux
les plus secrets
du coude ou de la nuque

ce sont
les petites salamandres du soir
celles que l'on croit immobiles
alors qu'elles nous narguent
de tous leurs anneaux
ne crient pas, nous narguent
et rampent jusqu'aux lieux
les plus secrets, ricanantes
jusqu'au centre des dents
contre le cœur éclaté
de sucre et de bière et de viande

celles du soir
ne dorment
que de nous.

(La Marche de l'aveugle sans son chien)
© Éditions Québec-Amérique, 1999

Hélène MONETTE
(1 9 6 0)

Née à Saint-Philippe-de-La Prairie, Hélène Monette étudie les arts plastiques à l'Université du Québec à Montréal et la littérature à l'Université Concordia. Cofondatrice du magazine *Ciel variable,* elle s'engage étroitement dans plusieurs projets d'ordre communautaire et culturel. Elle collabore à de nombreuses revues, parmi lesquelles *Exit, Moebius, Le Sabord* et *Arcade,* et apparaît fréquemment accompagnée de musiciens lors de lectures publiques. Auteure de deux romans, *Le Goudron et les plumes* (1993) et *Unless* (1995), Hélène Monette est à la fois excessivement sensible et très mordante. Avec une écriture très près du réel qui oscille entre prose et poésie, elle saisit aussi bien les aspérités du quotidien que sa beauté souvent broyée par l'accoutumance. L'amour, l'enfance et la marginalité sont chez elle des thèmes de prédilection, et sa voix, portée par une urgence de dire patente, est certes l'une des plus généreuses de la poésie québécoise actuelle. Parmi ses recueils importants, mentionnons le cinglant *Montréal brûle-t-elle ?* (1987), *Plaisirs et paysages kitsch* (1997), *Le Blanc des yeux* (1999) et le tout récent *Un jardin dans la nuit* (2001).

L'amour est postmoderne

Ces voitures bénies des dieux
elles nous ont roulé dans les yeux
elles nous ont roulés

ces ameublements-vedettes
nous ont infligé le virus
du chiche pour la dette
le train-train morose dans l'assiette

qu'importe, nos haillons sont corrects
et notre culture fait dans le désert contrôlé

les téléviseurs, les magazines, l'image de la vie
chéri
ils nous ont concocté un bordel de très petites misères
boîte vocale sans commentaire
deux pour un, nuit du cœur
il y a apparence de comédie dans le rétroviseur
l'amour est postmoderne

Le romantisme nous a massacrés, mon chou
moral distant, plaisir expert
pouvoir du noir, excellence du neutre
la vérité n'a pas de cœur
pas de poème dans le tiroir
pas de victoire dans le cercueil, cherchez l'erreur
une bouteille est imprimée
dans ces yeux
qui nous ont roulés
temps compté, Narcisse en fleur
il y a apparence de joie dans le réfrigérateur
l'amour est postmoderne

guerriers de l'émergence, jeunes volontaires
il y a apparence d'histoire dans le collimateur
âme insaisissable, stress inoxydable
il y a un penchant pour la saturation chez le
consommateur
le vide est circulaire

Le nucléaire nous a blasés, mon lapin
coke en stock, veau de grain
ombres atomiques, vies parallèles
traitement de l'image, meurtres virtuels
montée de la droite, vedettes en forme

après le bip, il n'y a personne
l'âme en principe et le psy aux talons
sachet individuel, maxi-protection
l'ego est pathogène
dans une solution chimique
aigre-douce rehaussée assez
assez rehaussée, assez !
larmes artificielles, soleil archaïque
il y a apparence de fissure dans le réacteur
la crème est renversée
dépêche-toi de rentrer
dans tes petits souliers
dépêche-toi
l'amour est postmoderne

(Le Blanc des yeux)

Monsieur...

Monsieur, l'amour est une chose qui fait peur
ne savez-vous donc pas que c'est un métier difficile
il exige un courage et une foi au-delà de l'improbable
une humanité indicible
une fraternité aveugle
de la monnaie et des bouteilles
des enfants au hasard
des regards même pas foudroyants
et des étangs de ciel
et des fêtes champêtres
quand le temps s'y prête
l'amour veut des parties de pêche
des patins et du chocolat noir
l'amour veut de la rondeur et de la facilité

il est si difficile, Monsieur
je ne saurais vous le décrire
dans toute sa volupté
au-delà de ses martyres
et de ses désastres hypocrites
l'amour est plein de joie
et va son chemin
dans la brume des premiers pas
dans le linge pendu l'hiver
sur la corde raide
il va n'importe où
et très lentement
trop lentement, l'amour va
comme un oursin creux rempli de sable
comme un bouton qu'on ne recoud pas
il est misérable
c'est une plume
il remue au vent
quand le cœur bat
il est splendide nettoyé par la marée
même dans la marée haïssable
il est vague
et beau
vague et beau et plein d'algues
c'est le silence
c'est la lumière
une chose ordinaire comme ça

(*Le Blanc des yeux*)
© Éditions du Boréal, 1999

Geneviève AMYOT
(1 9 4 5 - 2 0 0 0)

Née à Saint-Augustin-de-Desmaures (Québec), Geneviève Amyot étudie la pédagogie de 1961 à 1965 avant d'obtenir en 1969 une licence *ès* lettres de l'Université Laval. Professeure au primaire de 1965 à 1972, elle enseigne ensuite la littérature au collégial pour enfin se vouer corps et âme à l'écriture. Elle collabore entre autres aux revues *Estuaire, Dérives, Québec français* et *La Nouvelle Barre du jour.* Romancière, elle se distingue en 1979 avec *L'absent aigu.* Elle livre également des recueils vigoureux et foisonnants, dont *La mort était extravagante* (1975), *Dans la pitié des chairs* (1982) et *Je t'écrirai encore demain* (1994), le dernier.

J'AI FAIT l'amour avec des arbres nous les chiennes pâles en étonnement sur la grosseur de nos envies j'ai fouillé de mes crocs des femmes de cent ans des vieillards obèses marqués de graffitis j'ai mordu trois bosses de bossus malades elles ont coulé comme des chats pervers des taches blanches nous poussaient sous les ongles à la mesure de notre fatigue comment faire l'an passé j'abandonne encore un enfant nous avons pourtant tout tenté vous aussi madame nous portions dans nos sexes des drapeaux déchirés

(La mort était extravagante)

[...]

brasse brasse c'est pour sortir d'ici débouler les marches former quelque part en violence un petit caillot prometteur vas-y brasse la terre craquée nous tire

il n'est plus qu'une pièce à solliciter et c'est déjà la galerie ils ont fait sauter les barreaux blancs pour cause de poussière

la terre est la seule tentation qui se tienne

je sais bien mais nous pouvons revenir de temps en temps sniffer quelque autre vieillerie nous raviver au même bain goutte de rouille et cetera

si nous attendons l'heure exacte nous n'aboutirons jamais nous vieillirons suspendus semblables

insignifiants

allez décide

l'éternité doit pisser dans sa couche

(*Dans la pitié des chairs*)
© Éditions du Noroît, 1982

Nadine LTAIF
(1 9 6 1)

Née au Caire, Nadine Ltaif est cependant originaire du Liban où elle passe son enfance et la majeure partie de son adolescence. Installée à Montréal depuis 1980, ayant une formation cinématographique et littéraire, elle collabore à des films et à quelques revues. Les recueils *Entre les fleuves* (1991), *Élégies du Levant* (1995) et *Le Livre des dunes* (1999) interrogent l'identité avec une simplicité désarmante, et ce mouvement de questionnement outrepasse la seule réalité migrante pour atteindre plus largement l'humain de toute origine.

Reconnaissance

La vie nous laboure chaque jour.
Nous sommes un champ cultivé d'épines.

Nous ne souffrons pas
par manque d'identité ?

Nous souffrons de connaître
notre identité.

Les hommes passent leur vie à se fuir
et à détruire les miroirs
qu'ils rencontrent.

Même les étangs.

(*Élégies du Levant*)
© Éditions du Noroît, 1995

Claude PÉLOQUIN
(1 9 4 2)

Né à Montréal, Claude Péloquin termine ses études classiques en 1961. Il affirme son avant-gardisme dès 1959, en quête d'un art total qu'il propose dans des récitals et spectacles (quelque 300 depuis 1960), des livres d'artistes (souvent en collaboration avec des peintres, dont Reynald Connolly), des conférences, des films (Office national du film), des disques. Il est le parolier de la célèbre chanson *Lindberg*, mise en musique par Robert Charlebois. On doit à Péloquin la fameuse phrase gravée sur la murale de Jordi Bonet au Grand Théâtre de Québec: «Vous êtes pas écœurés de mourir bande de caves. C'est assez!» Refusant tous les conformismes, guidé par une quête de pureté qui vise le plein épanouissement du potentiel humain, l'auteur appelle l'Être nouveau avec une verve hallucinée mais conséquente. *Le repas est servi* date de 1970. Une rétrospective de ses œuvres poétiques publiées entre 1970 et 1979 est parue sous le titre *Dans les griffres du messie* (1998).

[...]

Je me sais devenir
Je rentre dans la folie expérimentale et je ne me retiens pas

Je ne me retiens pas parce que je préfère
Respirer dans ces bouleversements qu'étouffer dans la normalité généralisée des jambons. J'éclate maintenant à chaque miracle des mini-mondes. Face à l'entrevoyance effroyable dont les jambons ont la lueur à un instant quelconque de leur passage ici - c'est-à-dire face au bonheur - / cette lumière qui vient / organisatrice de tout / et aliment de tous dans des temps merveilleux où la matière se voit complètement explorée /

(Partout sera pénétré d'où la nécessité d'avoir le temps.)

... ils préfèrent mourir encore parce qu'au fond ils ont peur de devenir fous pour en avoir trop vu. L'homme est l'animal le plus prudent et le moins expérimental que je connaisse.

J'exige de devenir fou si c'est ça être heureux...

Je pense qu'un fou trouve un bonheur à seulement approcher un œil de loin près de la faille derrière laquelle tout se passe éternellement. MIEUX VAUT DISPARAÎTRE POUR EN AVOIR TROP VU !

C'est ce que j'appelais : « l'expérimental à tout prix », dans un ouvrage précédent.

« Le Repas est servi »

Ils seront si lumineux les Complétés et tellement infinis après la disparition du temps de l'autre côté de l'usure que tous les feux de tous les soleils dans nos mots seront devenus comme chandelles faites pour donner tout ce qu'elles sont – jusqu'à s'éteindre.

Les soleils eux-mêmes ne seront plus nécessaires à êtres complets en mouvement partout...

Et ces soleils ne brûleront que pour le propre plaisir d'être des soleils uniques et beaux d'être irremplaçables comme tout ce qui vivra sans fin en ayant tout simplement désappris à mourir.

– Partout – sera pénétré.

Je n'en reviens pas de l'homme. C'est la plus fantastique machine qui soit. Ça marche tout seul.

Ça se peut pas que ce soit pour tout ça qu'on meurt encore.

Vous êtes pas écœurés de mourir, bande de caves,
C'EST ASSEZ!

(Le Repas est servi)

Jean-Noël PONTBRIAND
(1 9 3 3)

Né à Saint-Guillaume d'Upton, Jean-Noël Pontbriand est professeur de création littéraire à l'Université Laval. Auteur d'une dizaine de recueils qui sont autant de recherches tendues vers l'origine et la redécouverte d'une pureté perdue, il signe également des essais qui interrogent les mécanismes de la création littéraire et le rôle de celle-ci dans l'appropriation d'une langue maternelle et l'épanouissement d'une culture. Parmi les œuvres de Jean-Noël Pontbriand, retenons *Éphémérides* (1982), *Il était une voix* suivi de *Jack Kérouac blues* (1992) et *Résonnances* (1998).

Porté par l'amour qui m'interroge
je marche vers le silence

les étoiles s'éteignent
les souvenirs s'effacent
le vent se lève

un homme surgi des eaux
retrouve la voix qui laboure l'être

(*Résonnances*)

transfigurés par la faim
mangés par le feu
les mots traversent le silence

on a beau changer les décors
inventer chaque matin de nouvelles répliques
la vérité demeure

(*Résonnances*)
© Éditions du Noroît, 1998

Marcel LABINE
(1 9 4 8)

Né à Montréal, Marcel Labine étudie en lettres à l'Université de Montréal et enseigne la littérature depuis 1971 au Collège de Maisonneuve. Collaborateur à *Spirale,* aux *Herbes rouges* et à *Moebius,* il s'engage activement de 1985 à 1990 dans le comité de rédaction de la collection «Première ligne» pour la *Nouvelle Barre du jour.* Il s'intéresse de plus au roman américain et participe à des chroniques sur les ondes de Radio-Canada. En 1988, il reçoit le prix du Gouverneur général du Canada pour son recueil *Papiers d'épidémie.* Publié en 1997, *Carnages* jette un regard acerbe sur une société menée par le culte de l'apparence et des communications, fouillant ce que l'on nomme masse pour y déceler une insondable misère humaine.

Les lieux peuplés de bêtes humaines
s'encrassent de cellulaires et d'interfaces
d'une table à l'autre
d'un site à l'autre le temps réel
n'existe plus les jours
les contacts se vivent
enregistrés sur vhs trois quarts de pouce
et flottent quelque part sans attache
dans les réseaux-labyrinthes
de la grande conserve allumée
démocratique comme un dernier rêve
travestissant n'importe qui
en gérant de banque gavé

(Carnages)

Je suis de la viande crue
pleine de peaux et de poils
masse approximative
morceaux et cartilages
de matière vermeille
inachevée entre des viscères
et du chaos gélatineux
je vis biologique décomposé
à ras de terre bien loin
des sphères immatérielles
qu'on invente
pour conjurer la peur
de se voir disparaître sous
ses propres yeux
démolis devenus étrangers
au paysage cybernétique
carnages oblitérés
d'où s'élèvent des odeurs de Javel

(Carnages)
© 1997 Les Herbes rouges

113

Fulvio CACCIA
(1 9 5 2)

Né en Italie, Fulvio Caccia termine ses études au Québec. Il participe au collectif éditorial Triptyque, travaille comme recherchiste et animateur pour Radio-Canada, est à la tête de la section culturelle du magazine *Vice Versa* de 1984 à 1988 et devient cette année-là responsable du bureau européen de ce périodique. Il collabore au *Devoir,* à *La Presse,* au *Monde diplomatique,* à *Libération* et à *L'Actualité* tout en signant des articles scientifiques pour des périodiques spécialisés. Il est maintenant rattaché au Centre de recherches interculturelles sur les domaines anglophones et francophones de l'Université Paris XIII. Couronné par le prix du Gouverneur général en 1994, son recueil *Aknos* traduit dans un style dynamique et très urbain la réalité de qui entre en contact avec un nouveau milieu de vie, en découvre les lieux et la culture qui s'y profile.

Montréal pampa

I

Montréal l'ocellée
il fait beau   quatorze février
Je pense à toi
Sur les trottoirs éclaboussés
        la clarté est une hôtesse
        qui fume des Gitanes
Je sors
la lumière désarme   mon impatience
Le bleu découpe les maisons
        par le centre muet
l'âpre fumée obscurcit ton visage
et tes jambes
        sous la jupe   s'irisent

Je cherche ton ombre tes yeux   ta moue
dans la vitrine griffée de frimas
Une bouffée humide monte
    du fleuve secret
        Boulevard Saint-Laurent
Je presse le pas
    Foules   Bruits   Peuples
de couleurs secrètes
se faufilant dans l'ombre   et la pluie des sirènes
lorsque la neige s'abat   des toits fondants
    Rue Saint-Denis
l'après-midi se balade
    en poncho de laine blanc
    « un cappuccino, s'il vous plaît »
Le journal sur la table ronde et noire
Autour   quatre fauteuils crème
                pétales de cuir
                Mystères

(*Aknos*)

Claude BEAUSOLEIL
(1 9 4 8)

Né à Montréal, Claude Beausoleil, professeur de français au Cégep Édouard-Montpetit, est l'un des ambassadeurs importants de la poésie québécoise à l'étranger. Il publie *Intrusion ralentie* en 1972 et, peu à peu, devient l'un des principaux acteurs du renouveau poétique des années 1970 et 1980 en s'inscrivant à mi-chemin entre le formalisme et la contre-culture. Il conjugue la création à une activité critique nourrie, à preuve ses collaborations à *Mainmise, Cul Q, Hobo-Québec,* la *Nouvelle Barre du jour* et au *Devoir.* Au fil des ans, l'écriture de Beausoleil gagne en densité. *Une certaine fin de siècle,* recueil paru en 1983, propose une réflexion lyrique où se côtoient l'objet-texte, l'urbanité et le corps.

Chant

II

Nous nous entretiendrons de nouvelles banales ;
Maintes fois, votre rire en l'air s'égrènera.
Alfred Desrochers

un rapport au quotidien qui nous prend et tilte
un long fume-cigarette formant des écrans sur elle
dans le casino ou la douche sous les savons et les mots
dans les bulles érotomanes les courses de fillettes
les souliers les répliques les moues et les mains
par-delà la risquée infusion du partage
je ne renouvelle que la langueur car tout est vif
et les cheveux et le blond chevreuil et la danse
quand le rock était une invention de clin d'œil
sur la piste des petits déclics ceux si chers et doux

car à revivre des instants ils se profilent ailleurs
sur les vérandas roses d'une maison illicite
près de tous les auteurs qui traînent dans des valises
dans des langages de forme et pour la forme
dans la saveur acrylique des choses à faire
par des déjeuners et des organisations et des buts
qui peut dire que la raison appartient à la réalité
une marche amoureuse et scandée par le rêve
les cigarettes dans la chambre close et muette
pour ne pas faire frémir ceux qui distancient
c'est toujours par l'abandon que l'on trouve et cherche
dans tant et tant de miroirs hors d'Alice et en elle
dans tant et tant de lectures chaudes sur la voix
des bandes sonores amusées vite faites et songeuses
pour permettre de lire les profusions illimitées

(Une certaine fin de siècle)

Chant

XI

Le voici rejeté sur le plan nu des sens,
dans une lumière sans bas-fonds.
Antonin Artaud

comme des temps qui sans trébucher reviennent
dans la ligne
et comme la beauté du diable sur la table et les choses
creuser tous les moments qui ont fait un sens
les besoins scrutés dans des états fictifs
décorer des pièces placer du mauve aux yeux des figures
aussi le miaulement des visions et des cadres

finit toujours par les respects et la croisée des fièvres
sans légèreté mais au plein des lettres prononcées
des mers émeraudes comme les survies des choix
des rencontres et des agissements à n'en plus finir
des épaules prises par la main le long du sable
des bruits des rues et des avalanches de sourires
des déplacements et des lectures et des jours de recherches
perdus dans la bibliothèque des utopies et des couleurs
penchés que nous sommes vers les intérieurs
épris et des rythmes et des hauteurs et des mots
par des actes et des réflexions qui nous unissaient
on entrait tous les jours dans la luxuriance des exils
vers et sur les inscriptions et les cartes d'un territoire
fréquemment visité par les légions et les idées
j'ai refait ce soir les fils et des fragments

(Une certaine fin de siècle)
© Éditions du Noroît, 1983

Renaud LONGCHAMPS
(1 9 5 2)

Né à Saint-Éphrem-de-Beauce, Renaud Longchamps poursuit
depuis 1972 une œuvre singulière et abondante (ses œuvres
complètes sont en cours de publication), dont la ligne de force
est un matérialisme nourri d'archéologie et, surtout, de bio-
logie. Si un recueil comme *Anticorps* suivi de *Charpente charnelle*
(1974) propose des textes non dépourvus d'une certaine
ampleur, le poète évolue vers un dénuement toujours plus
grand, balise son univers pour en venir à un essentiel
parfois troublant, tant y est lapidaire l'observation. Paru en
1983, *Miguasha* participe de cette saisie épurée et philosophique du réel.

Primaire

Là, là, tu ouvres une plaie.
C'est la mienne, c'est la tienne.

Bien sûr, nulle nécessité. La vie
Comme conséquence de toute inertie.

Le déchet, ici, use de la pureté.
Chaque tentative et du geste à préciser.

L'objet et d'autres diront des êtres.
À froid, ce que vomit l'univers.

[...]

*
* *

Près de sa perte, transcrire l'illusion.
En un rêve nul pouvoir.

Et jamais insécable, mais alors l'infini.
La faiblesse, tu sais, la qualité du mouvement.

Sortie en tête, avancer avec sa mort.
Sur la terre les luttes de la matière.

Nus, seuls, esclaves de la matière.
Nous sommes prisonniers de l'univers.

(Miguasha)

Yolande VILLEMAIRE
(1 9 4 9)

Native de Saint-Augustin de Mirabel, Yolande Villemaire enseigne la littérature depuis 1974. Recherchiste pour les *Cahiers de la Nouvelle Compagnie théâtrale,* collaboratrice à *Hobo-Québec* et à la *Nouvelle Barre du jour,* romancière primée également, elle développe dès *Machine-t-elle* (1974) une œuvre toute personnelle où les revendications féministes voisinent avec un esprit très près de la bande dessinée. Volontiers ironique, portée par un esprit libre qui refuse les clichés entourant la femme moderne, la poésie de Villemaire est habitée par l'ésotérisme et la parapsychologie. Paru en 1982, *Adrénaline* rassemble des textes épars qui donnent bien la mesure de cet imaginaire foisonnant. On lui doit également *La Vie en prose,* un roman important publié en 1980. Prolifique, l'écrivaine signe quelque vingt-cinq livres, dont un septième roman en 2001, *Des petits fruits rouges.*

Noire

Histoire de l'espionne dans la maison de la nuit. Un soir. Elle voit du feu dans le noir du noir de vos yeux. Noir meuble. C'est la nuit des temps, la nuit.

Elle avance comme une ombre dans le noir tunnel du temps. Elle voit du feu dans le noir du noir de vos yeux. Jamais elle n'abandonnera son pouvoir, jamais.

Le noir est la couleur du feu. Le feu qui couve dans le noir, le brun, le bleu, le vert de vos yeux. Oui, *verts,* vos yeux.

Lucioles luisantes dans la maison de la nuit, verts vos yeux, oui. Bleus vos yeux. Étoiles indigo de la Constellation du Cygne, bleus vos yeux, oui.

Bruns vos yeux. Bruns brunante dans le soir qui tombe dans la maison de la nuit. Bruns vos yeux. Noirs vos yeux. Noirs, gris, pers, violets vos yeux. Feux brûlants de l'ombre dans le cosmos-mémoire de l'espionne dans la maison de la nuit.

Elle s'avance comme une ombre dans le noir tunnel du temps. Jamais elle n'abandonnera son pouvoir, jamais. C'est alors qu'elle comprend qu'il y a de l'ombre dans la nuit, des zones obscures, des silences, des trous noirs. Elle s'avance, comme une ombre dans le noir tunnel du temps. Terre noire de la nuit des temps. Elle comprend qu'elle ne comprend pas la nuit.

Elle comprend qu'elle ne comprend pas la nuit et elle donne sa part à la nuit. Reconnaît le pouvoir du noir. Se donne à la nuit. Jamais elle n'abandonnera son pouvoir, jamais.

Histoire de l'espionne dans la maison de la nuit. C'est une karatéka ceinture noire troisième dan. Elle enchaîne les soixante-douze mouvements du vingt-sixième kata en sifflant comme un serpent dans la maison de la nuit.

Je la vois danser dans vos yeux femmes noires du continent noir, déesses, reines-mages, pharaonnes, prêtresses, vestales, sylphes, ondines, gnomes, salamandres étincelantes dans le noir du feu. Je la vois danser dans vos yeux, femmes noires du continent. Elle enchaîne les soixante-douze mouvements du vingt-sixième kata dans lequel elle apprend à se battre contre des adversaires imaginaires. Histoire de l'espionne dans la maison de la nuit. Histoire de l'espionne qui prend part à la nuit. Et le jour se lève, voile blanche, navire Night dans la nuit des temps.

(Adrénaline)

Robert MELANÇON
(1 9 4 7)

Né à Montréal, Robert Melançon enseigne la littérature à l'Université de Montréal depuis 1972. Il a entre autres collaboré à *Liberté* et *Études françaises* tout en signant des chroniques au *Devoir*. Des recueils comme *Peinture aveugle* (1979, prix du Gouverneur général du Canada) et *Territoire* (1981) mettent en place un style plutôt classique, une écriture qui préfère aux explorations formelles la limpidité du regard posé sur le monde. Les Éditions du Noroît publient *Le Dessinateur* en 2001.

Après-midi d'automne en forêt dans le comté de Brôme

Enfoncé dans les choses,
Je perds la distance et tout l'espace
De la contemplation.
La terre m'étreint
De ses pierres mouillées
Qui impriment dans mes paumes leurs figures
De boue délicate et froide.
Pris dans la trame du vent,
Parmi la pluie, l'alcool des feuilles,
L'écorce, les nuages,
Je descends dans la main innombrable des fougères.
Le ruisseau
Me distrait de l'essaim de lumière
Jaune qui se disperse au-delà des pins;
Il m'emporte dans sa charge de reflets,
Dans son bruit de gravier que
Lave sa forte clarté.

(Peinture aveugle)
© Robert Melançon

Marie UGUAY
(1 9 5 5 - 1 9 8 1)

Née à Montréal, Marie Uguay, décédée des suites du cancer à vingt-six ans, n'aura eu le temps de signer que trois recueils : *Signe et rumeur* (1976), *LOutre-vie* (1979) et le superbe *Autoportraits* (1982), journal de bord publié à titre posthume qui rassemble des textes écrits peu avant sa mort. Marqué par une conscience aiguë de la fin prochaine qui voisine avec un amour de la vie s'enracinant à même le bonheur des choses simples, des «objets quotidiens dans leur signification de tendresse», *Autoportraits* témoigne d'une écriture capable d'une limpidité troublante, d'une sensibilité assumée et d'une présence au monde extrêmement lucide.

mais seulement la lampe
reflétée au plafond
le contour flou des pièces
le ruissellement du dehors
le corps entend son ouverture
tu bouges à peine maintenant
le regard est fixe et doux
ta voix me réunit de toutes parts
ici lentement chaque chose
glacée à la surface
laisse sous-paraître
l'idée d'une maison
opale brûlante
dans l'ignorance de toute frayeur
de toute altération du temps

(*Autoportraits*)

je t'inscris en tout ce qui n'est pas moi
tu as soif
les moindres jours nous ressemblent désormais
les vents vieillissent
tu es debout sur le bois sauvage des ans
et tu t'en viens vers tant de blancheurs recueillies
tableaux du corps
l'amour écorché vif passe sur la ville
comme sur un miroir

(Autoportraits)

il y a ce désert acharnement de couleurs
et puis l'incommode magnificence des désirs
il faut se restreindre à dormir à attendre à dormir encore
j'ai fermé la fenêtre et rentré les chaises
desservi la table et téléphoné il n'y avait personne
fait le lit et bu l'eau qui restait au fond du verre
toutes les saisons ont été froissées comme
de mauvaises copies
nos ombres se sont tenues immobiles
c'était le commencement des destructions

(Autoportraits)

la chaleur fera cercle autour de nous
installés au fond d'une chambre
sous le treillis d'un feuillage pauvre
ou d'une encoignure fraîche peinte
il y aura ton visage découpé sur le bleu vacant de l'aube
avec les objets quotidiens dans leur signification de tendresse
le miel que l'on tire de son bol ocre
le lait qui s'épanouit dans le noir du café

le rideau qui se soulève et n'achève pas sa retombée
toute lente contraction aura abandonné tes pensées
et tes muscles
je serai couchée au milieu de la lisse métamorphose
glissée sous la palme froide d'un ciel de pierre
vide pour percevoir la traversée de tes paroles
et le monde serait un gong initial
dont on percevrait encore les longs anneaux de vibration
dans nos murs de sable

(Autoportraits)
© Stéphan Kovacs

Marco MICONE
(1 9 4 5)

Né en Italie, Marco Micone immigre au Québec en 1958 et obtient une maîtrise de l'Université McGill en 1971 en signant une thèse sur le théâtre de Marcel Dubé. Durant les années 1970, il milite au sein de divers groupes de gauche et défend la langue française. Engagé dans les débats concernant l'immigration, il n'hésite pas à intervenir publiquement pour venir en aide aux nouveaux arrivants. Enseignant l'italien, il tente de préserver la culture de ses étudiants déracinés tout en les amenant à découvrir le Québec. Homme d'action, Micone fait surtout œuvre dramaturgique, mais son poème «Speak What», réponse au célèbre «Speak White» de Michèle Lalonde, fait couler beaucoup d'encre en questionnant par l'entremise de la réalité migrante l'évolution du peuple québécois.

Speak What

Il est si beau de vous entendre parler
De La Romance du vin
et de L'Homme rapaillé
d'imaginer vos coureurs des bois
des poèmes dans leur carquois

nous sommes cent peuples venus de loin
partager vos rêves et vos hivers
nous avions les mots
de Montale et de Neruda
le souffle de l'Oural
le rythme des haïkaï

speak what now
nos parents ne comprennent déjà plus nos enfants
nous sommes étrangers
à la colère de Félix

et au spleen de Nelligan
parlez-nous de votre Charte
de la beauté vermeille de vos automnes
du funeste octobre
et aussi du Noblet
nous sommes sensibles
aux pas cadencés
aux esprits cadenassés

speak what

comment parlez-vous
dans vos salons huppés
vous souvenez-vous du vacarme des usines
and of the voice des contremaîtres
you sound like them more and more

speak what now
que personne ne vous comprend
ni à Saint-Henri ni à Montréal-Nord
nous y parlons
la langue du silence
et de l'impuissance

speak what
« productions, profits et pourcentages »
parlez-nous d'autres choses
des enfants que nous aurons ensemble
du jardin que nous leur ferons

délestez-vous des traîtres et du cilice

imposez-nous votre langue
nous vous raconterons
la guerre, la torture et la misère
nous dirons notre trépas avec vos mots
pour que vous ne mouriez pas
et vous parlerons
avec notre verbe bâtard
et nos accents felés
du Cambodge et du Salvador
du Chili et de la Roumanie
de la Molise et du Péloponnèse
jusqu'à notre dernier regard

speak what

nous sommes cent peuples venus de loin
pour vous dire que vous n'êtes pas seuls

Gilles CYR
(1 9 4 0)

Natif de la Gaspésie, Gilles Cyr enseigne la littérature quelques années, collabore à de nombreuses revues et, depuis 1977, est particulièrement actif dans l'édition et la traduction. Il cadre étrangement dans le paysage poétique québécois, plus près d'un minimalisme européen qui privilégie le recours à l'ellipse et prend ses distances à l'égard du lyrisme. Le recueil *Diminution d'une pièce* (1983) brille par son dépouillement extrême. Chaque poème y acquiert un lustre presque synthétique derrière lequel réside une volonté de saisir la vie sans tape-à-l'œil, de n'en rendre que le squelette. *Andromède attendra* lui vaut en 1992 le prix du Gouverneur général du Canada. L'Hexagone publie *Pourquoi ça gondole* en 1999.

IV

Dans le plan corrigé :

n'importe quoi d'un peu précis
est la terre,

nous y franchissons les paroles
que nous y avions rapprochées.

*
* *

La terre

l'hiver

cette pièce
avec les bagages de la route,

l'hiver.

*
* *

L'espace
durci en avant de la bouche,

la porte s'ouvre

je ne sais pas comment j'ai pu sortir
des mots.

*
* *

Mais la terre succède,
est séparée.

Elle bouge
dans l'inaccompli.

Elle, apparue
dans les tenailles.

(Diminution d'une pièce)
© Éditions de l'Hexagone, 1983

131

Hélène DORION
(1 9 5 8)

Née à Québec, Hélène Dorion est sans conteste l'une des figures capitales des vingt dernières années. Directrice littéraire des Éditions du Noroît de 1991 à 1999, critique, membre de nombreux comités de rédaction, ambassadrice de la poésie québécoise partout à travers le monde, elle est d'abord et avant tout une poète d'une sensibilité rare chez qui l'émotion ne cède jamais le pas à l'épanchement, une voix maîtrisée qui sait explorer le fond des choses sans jamais sombrer dans l'abstraction. Ses textes se présentent comme des territoires fragiles mais inépuisables, rappelant à bien des égards l'écriture d'une Marie Uguay ou d'un Saint-Denys Garneau. Traduite en une dizaine de langues, abondamment primée, saluée tant au Québec qu'en France, en Belgique, en Roumanie, en Allemagne ou aux États-Unis, l'œuvre de Dorion et l'une des plus conséquentes à avoir vu le jour au Québec. Parmi ses nombreux recueils, mentionnons, en 1990, *La Vie, ses fragiles passages* et *Un visage appuyé contre le monde*, *L'Issue, la résonance du désordre* (1994), *Sans bord, sans bout du monde* (1995) et *Pierres invisibles* (1998).

Où est la beauté
que ne touche pas l'absence ?

Tu as fait une demeure
de nos pas, des regards
qui portent la nuit
jusqu'au rassemblement
des mots dans un paysage. Un poème
grandit à l'intérieur.

Sans bord, sans bout du monde

Sans personne

Pas de bord, pas de bout du monde
dans ce qui tremble soudain
s'approche avec ton visage
et me ramène à moi.

Grâce de naître
et de disparaître dans la clarté d'un cœur
d'une main sans bord, sans bout du monde.

Sans bord, sans bout du monde

Sans bout du monde

Il n'y a pas de recommencement.
L'amour, le silence, la lumière
sont là depuis toujours.

Le commencement est en nous
depuis toujours.

Sans bord, sans bout du monde

Vient le jour où l'on quitte la gare.
Enfermé depuis toujours, on cesse soudain
de chercher des abris.
On lâche les amarres.
Tout s'allège et le ciel s'entrouve.

Alors, plus nue de n'avoir jamais été nue
notre âme écoute pour la première fois
son silence intérieur.

Sans bord, sans bout du monde

© Éditions la Différence

Alexis LEFRANÇOIS
(1 9 4 3)

Né au Québec, Alexis Lefrançois découvre rapidement d'autres
paysages. Après avoir vécu en Allemagne de 1955 à 1961, il
réside en Belgique et en Grèce puis enseigne enfin à Dakar.
Entre l'Europe et l'Afrique, il revient au Québec où il fait de
la traduction et publie des recueils dont la diversité étonne.
Du langage dépouillé de *Calcaires* (1971) aux envolées de
Rémanences et au ludisme non exempt de gravité de *La Belle Été*
(1977), Lefrançois échappe à toute entreprise de catégorisation, abordant la poésie comme un jeu sans cesse
à renouveler. En 1984 paraît une rétrospective intitulée
Comme tournant la page et en 1999 un insolite *Abécédaire
des robots*.

le jour est une bête malade
                    couchée sur le flanc
il n'y a pas d'air
le jour
        est un miroitement sauvage
                            loin derrière le regard
il n'y a pas d'air
il y a cette maison
            ce n'est pas une maison
quelqu'un galope à contre-courant des rivières
quelqu'un se promène entre les masques morts
                                figés des dieux

le sourire du fou est réapparu dans le miroir
                            brisé
il traîne son corps avec lui
il traîne son corps sur l'eau morte des fenêtres
                            des miroirs
il traîne son corps de maison en maison

il traîne son corps le long d'une rue interminable
                            bordée d'arbres noirs

il y a cette maison
            ce n'est pas une maison
le silence des oiseaux fait un vacarme terrible
le silence des enfants fait un vacarme terrible
il n'y a pas d'air

– Mais toi
        par quels chemins
                    vas-tu grandir ?

(Rémanences)

135

Denise DESAUTELS
(1 9 4 5)

Née à Montréal, Denise Desautels enseigne la littérature au Cégep de Sorel-Tracy. Membre du comité de rédaction de la *Nouvelle Barre du jour* de 1985 à 1990, elle participe à de nombreux colloques hors Québec et, outre son activité poétique, s'adonne à l'écriture dramatique. Denise Desautels a publié des recueils souvent salués, parmi lesquels *Mais la menace est une belle extravagance* (1990), *Le Saut de l'ange* (1992) récompensé par le prix du Gouverneur général du Canada et *Ma Sisyphe* (1999, prix de poésie de Radio-Canada).

qu'y a-t-il juste là presque rien
des gestes un jour de la semaine
– disons mercredi – et une ville
à coup sûr l'angle droit du regard
comment s'y reconnaître
nous oublions tant de choses
le rythme souffrant du monde en nous
la vérité – sous un réverbère
soudain nos bouches excessives –
éclate et notre pas accélère

(*Mais la menace est une belle extravagance*)

nous sommes là face à tant de hasards
confondant souffle et morsure
hésitant entre envol et enlisement
car il y a des fatigues et des complots
auxquels on tient des signes de vie
le corps distrait l'air préoccupé
l'humanité remonte en nous
cela s'appelle mémoire
parfois fiction

(*Mais la menace est une belle extravagance*)

j'écris au présent le voyage
bouleversé de replis de pièges.

tu dis que les couleurs de septembre
déforment le paysage tu dis que ma voix
glisse sur le mot tu dis : l'issue
comme une voie de non-retour.
pendant que je me pose la question du silence
nos corps bougent sur les motifs de septembre.

nous ne savons plus rien parce que nous résistons.

(Mais la menace est une belle extravagance)
© Éditions du Noroît, 1989

Élise TURCOTTE
(1 9 5 7)

Née à Sorel, Élise Turcotte obtient une maîtrise en études littéraires de l'Université du Québec à Montréal en 1984 et un doctorat en création littéraire de l'Université de Sherbrooke en 1991. Enseignante en littérature au Cégep du Vieux-Montréal, elle collabore aux revues *Estuaire, La Nouvelle Barre du jour, Lèvres urbaines* et *Moebius.* Également auteure pour enfants, nouvelliste et romancière (prix Louis-Hémon en 1992 pour *Le Bruit des choses vivantes*), elle s'illustre sur la scène poétique en méritant le prix Émile-Nelligan à deux reprises, pour *La Voix de Carla* (1987) et *La terre est ici* (1989).

Le chant du monde

Une date cerclée de jaune sur le calendrier perpétuel. Un cahier rempli de descriptions, de bijoux et d'odeurs de plastique. Dans une phrase, le temps a construit un judas illuminé. Carla y épie la structure des choses. Ce qui les sépare. Ce qui les relie. Depuis les doigts et la perte. Depuis les métaphores et les partitions. Il y a des astres chevelus qui décrivent des cercles autour de nous. C'est écrit. Tête, noyau. Mémoire, direction. Des voix de fuite et de poursuite. Des voix suppliantes et des tambours de colères. Des voix désertes. Millénaires.

(*La Voix de Carla*)

Tout peut mourir parce que tout meurt, l'univers le souffle à l'oreille. Certaines voix se couvrent d'objets comme de larges promesses pour mourir. Certaines formes inattendues. On entend déjà des familles qui s'affairent, des jambes et des bras qui se plient. C'est tout. C'est inutile. Plus tard, on peut chanter par-dessus l'absence. Plus tard, on voit du cristal partir dans la lumière. Les rêves et les révoltes derrière les rochers. Les tunnels traversant les salles endormies.

(La Voix de Carla)
© Leméac 1999

Louise WARREN
(1 9 5 6)

Née à Montréal, Louise Warren possède une maîtrise en création littéraire de l'Université du Québec à Montréal. Entre 1979 et 1983, cette poète, romancière et essayiste enseigne la littérature jeunesse à l'UQAM et à l'Université McGill. Ses premiers textes paraissent en 1982 dans les revues *Dérives* et *La Nouvelle Barre du jour*. Elle publie ensuite un conte pour enfants à Paris et collabore avec plusieurs artistes en arts visuels tout en poursuivant une démarche poétique qui voit naître des recueils tels *L'Amant gris* (1984), exploration intimiste de la complexe relation homme/femme, *Notes et paysages* (1990) et *La Lumière, l'arbre, le trait* (2001). Elle remporte en 1999 et 2000 des prix de poésie de la Fondation des Forges.

Retenu le cri du ventre d'abord
en deux avec les bras puis contenu le cri
par les jambes pliées sur le ventre, les presser fort fort
et demeurer ainsi
longtemps : la tête entrée par en dedans
tellement loin, suivre la ligne tracée
sur le velours cordé et rouler
jusqu'à un aéroport. Déplier la carte
amoureuse pour en faire des petits bateaux ivres et des
avions saouls.

(L'Amant gris)

Le savon glisse nerveux
sur ma peau, une veine mauve se tracasse
sur ta cuisse et ma tête cherche appui
sur le quadrillé de la céramique. L'eau froide
me projette hors de la baignoire, je tends les bras
en direction de mon kimono où, là seulement,
je suis enveloppée tout entière.

(L'Amant gris)

Michael DELISLE

(1 9 5 9)

Né à Longueuil, Michael Delisle cofonde la revue *Lèvres urbaines* et collabore à plusieurs publications québécoises et européennes. Alternant l'écriture narrative et l'écriture poétique, l'auteur poursuit une exploration toujours plus approfondie de la mémoire et du quotidien dont il tente de saisir les multiples facettes dans un style aux tons riches et variés. Son roman *Le Désarroi du matelot* (1998) a été traduit en anglais. Paru en 1987, *Fontainebleau* se veut une vertigineuse plongée au pays de l'enfance et de l'adolescence, de petits tableaux vifs et originaux à saveur souvent hyperréaliste, fortement influencés par la photographie.

Fiction 12

La photo est belle. Une femme. Le mur de brique derrière elle
semble de trop alors que le bébé prisonnier de ses jambes crée
un effet de réel saisissant. Mais je suppose que l'inverse est aussi
vrai. Le ton grisâtre de l'image semble nacrer la peau de la
femme qui pose.
Ses épaules sont découvertes,
 les bras sont tendus vers l'arrière et la tête est renversée
pour que le corps prenne toute la lumière possible.
La posture hésite entre l'offrande sacrificielle
 et l'accueil désinvolte ;
 la cambrure du buste mime l'extase que causeraient
 des léchées
 de soleil sur l'épiderme et la pose dévoile l'essence
 de la conception qu'on se faisait de l'acte artistique
 dans les années cinquante, et ce serait là
 le seul commentaire possible si ce n'était pas de cette
 copie de bouche ouverte comme un rire de starlette
 à la fois divine et vulgaire qui,
 délicatement,
 donne une date au caractère éternel des choses.

(Fontainebleau)

Louise DUPRÉ
(1 9 4 9)

Née à Sherbrooke, Louise Dupré obtient en 1987 un doctorat
en lettres de l'Université de Montréal avec une thèse qui traite
de la nouvelle poésie québécoise au féminin. Membre active du
collectif des Éditions du remue-ménage entre 1981 et 1984,
elle s'engage aussi lors de tables rondes, de colloques et
d'émissions radiophoniques afin de promouvoir l'écriture
des femmes. Professeure au Département d'études littéraires
à l'Université du Québec à Montréal, elle mène parallèlement une activité de poète, de romancière et de dramaturge. Élue au sein de l'Académie des lettres du Québec en
1999, elle a entre autres publié les recueils *La Peau familière*
(1983), récipiendaire du prix Alfred-Desrochers, et
Chambres (1986), ainsi qu'un roman ayant suscité un accueil
critique enthousiaste : *La Memoria* (1996, prix Ringuet).
Autre roman en 2001 : *La Voie lactée*.

Caméra

1

une photo jaunie et tu me laisses entrer dans ton enfance. l'atmosphère feutrée de la conversation quand, tous deux tassés dans le lit, tu me racontes les lieux, les dates, les événements, les visages. les familles, les mères. ta famille, ta mère. tu racontes, je regarde. tu n'en finis pas de raconter. tu t'emportes, j'écoute. tu souris. la chambre réside alors dans ce seul sourire, les lèvres qui s'écartent, le troussé à la commissure. j'écoute, je regarde. le sourire de ta mère sur le carton jauni. elle a mon âge. toi, son sourire. j'imagine ses gestes, sa voix. ta mère à mon âge. l'imaginer alors qu'elle te tient par la main. imaginer ce que cache son sourire, le tissu de sa robe tendue sur un autre enfant. imaginer l'atmosphère feutrée de l'attente. ton visage, ta mère. tes lèvres, ta mère. tu as mon âge. tes lèvres sur mes seins, sur mon ventre et voilà que j'attends de toi comme une exactitude, ce qui à travers les lieux, les dates, les événements, les visages, ramène la passion presque sereine, ce sentiment entre nous, l'enfance et la voix, l'enfance et la durée. je glisse sur toi. prendre une pose de vivante dans l'atmosphère feutrée des gestes amoureux, oublier peut-être que nos mains rident chaque jour. j'imagine ta mère, son sourire pendant l'amour. sa voix. je te regarde et te souris.

(Chambres)

Christiane FRENETTE
(1 9 5 4)

Née à Québec, Christiane Frenette obtient à une maîtrise en littérature québécoise de l'Université Laval avant d'enseigner au Cégep de Lévis-Lauzon. Sa poésie exprime le combat de qui tente de ne pas succomber au désespoir devant une vie faite d'absence et de rencontres qui tournent mal ou s'effritent avec le temps, notamment dans le recueil *Indigo nuit* qui remporte le prix Octave-Crémazie en 1986. Elle signe aussi des romans, dont *La Terre ferme* qui obtient le prix du Gouverneur général du Canada en 1998.

l'énigme à nos lèvres restera vigilante   tu n'auras rien donné j'aurai tout perdu   chacun portant sa plaie clandestine en croix sur nos chairs   je retournerai à la nuit ma robe de soie indigo presque froissée mes repaires saccagés l'ombre pleine à ma tempe accuse le vide tu n'es déjà plus là conservant vivace infrangible la tension comme une ligne du cœur reliée par un fil dérisoire au désir
et dans l'espace tangible entre nous une respiration profonde tellement profonde le temps passe
l'éternité

(Indigo nuit)

recourir à la chute chaque fois qu'un phare jette son délire au visage   je porte la nuit à mon cou le vertige roulé noir dans l'asphalte   je n'habite plus les lieux de transparence seul mon silence trace la ligne au milieu des blessures j'avance l'œil si froid résolu à mourir ailleurs et quand je pleure c'est pour le corps captif d'un chien en bordure de la route

(Indigo nuit)

José ACQUELIN
(1 9 5 6)

Né à Montréal, José Acquelin étudie à Montréal et à Toulouse en lettres modernes. Fils de Français, il passe une partie de ses jeunes années dans le midi de la France et y développe un amour de la nature et une propension à la contemplation très clairement perceptibles dans ses œuvres. Très peu influencé par les grands courants poétiques québécois, il puise ses influences les plus sensibles chez des écrivains étrangers dont le Chinois Lao-Tseu, le Portugais Fernando Pessoa et l'Argentin Roberto Juarroz. On remarque pourtant une filiation avec le style d'un François Charron, ne serait-ce que dans cette capacité à dépouiller la parole pour en venir à une forme d'essentiel. Il participe de très près à la diffusion de la poésie et publie des recueils habités d'un esprit oriental, parmi lesquels *Le Piéton immobile* (1990), qui se compose de petits tableaux brefs alliant une certaine profondeur philosophique à une écriture légère et fluide.

la mélancolie est une cigarette
les écureuils sont des nuages
la parole est un cendrier
je suis ce poème
passe-moi du feu

(*Le Piéton immobile*)

les couleurs passent et la pensée se couleuvre
les arbres connaissent la vitesse
en faisant parler le vent
des pierres regardent l'eau
sans voir qu'elles flottent sur la terre

(*Le Piéton immobile*)

des oiseaux lancent leur chant à l'envers de la pluie
cinq feuilles tombent de l'arbre en face
je ne connais pas son nom de famille
je sors le lui demander
les moineaux se taisent
la pluie reprend l'ascenseur du soleil

(*Le Piéton immobile*)

maintenant
mon œil spongieux
flotte dans le thé aux abricots
il y voit les branchies d'un arbre
se prendre pour les racines du ciel
et m'y pendre

(*Le Piéton immobile*)

on se jette par les mots
les fenêtres sont ouvertes pour cela
puis on caresse la vitre des peaux
dans laquelle on peut voir
un autoportrait placebo
une vie passe et
on n'entre pas chez soi

(*Le Piéton immobile*)

il neige et je vais
dans chaque as de pique
de mes souliers dans la ruelle
chez l'épicière asiatique du coin
changer la bière de mon corps
contre un peu de sang de l'orange :
le terre est un cycle de lavages
et je crois que nous venons
d'où nous allons

(Le Piéton immobile)

le squelette des infinis s'assoit dans l'arbre
le soleil est une cigarette que dieu fume
l'Indien mange sa langue
le crâne est vide

(Le Piéton immobile)

Tony TREMBLAY
(1 9 6 8)

Né à Jonquière, Tony Tremblay délaisse des études littéraires au profit de divers emplois : il est journaliste pour la presse rock alternative, fonde les productions Radio-Industrie et produit, réalise et anime à la radio communautaire CHOC-FM. En 1995, il fonde la revue de poésie *Exit* en compagnie d'André Lemelin, et devient animateur sur les ondes de Radio-Canada à partir de 1997 avec son émission « Le Trafiqueur de nuit ». *Rue Pétrole-Océan,* recueil foisonnant avec ses « side-show de sans-souffle » et sa mise à nu d'une urbanité sauvage, mercantile et effrénée, reçoit en 1998 le prix Émile-Nelligan. Alors que « les chances de mourir jeune sont meilleures qu'hier » dans cet univers pressé et glauque, l'écriture de Tony Tremblay est à la fois quête de respiration et négation de ce désir, la lucidité de l'observateur entraînant un vertige que trahissent les images se chevauchant à un rythme allègre.

rue Pétrole-Océan les saisons s'ankylosent quand
le jour s'éteint
on remarque les créatures peuplant la poussière
toussantes
dans la promiscuité honteuse d'heures confites
le Grand Cirque contagieux les présente ce soir
side-show de sans-souffle
oracles teigneux tondus au bord du trottoir
baignant dans la soupe
des âmes usées du voisinage

approchez   approchez   approchez
le plus grand spectacle sur terre
à cinq rues à la ronde
frissons   tremblements
GARANTIS
pour vous
ce soir seulement

maintenant
nous volerons dans les secondes ternies au banc
    des menaces
l'usé des spasmes endormis dans l'alcool
les jupes tendues d'outre-espace dans l'axe luxure
un vol bien calculé   et l'excitation de toucher le fond
le voir de près
après ce soir mesdames et messieurs
spectacle étonnant vous vous en rendrez compte
tous vous scintillerez en trinquant à la mort

(Rue Pétrole-Océan)
© Éditions des Intouchables, 1998

Tania LANGLAIS
(1 9 7 9)

Née à Montréal, Tania Langlais poursuit des études littéraires à l'UQAM. En 1999, elle cofonde la revue de poésie *Babel* au Collège de Maisonneuve. En 2000, *Douze bêtes aux chemises de l'homme,* son premier livre, remporte coup sur coup les prix Émile-Nelligan et Jacqueline-Déry-Mochon. Le recueil est également en nomination pour plusieurs prix, dont le prix des Terrasses Saint-Sulpice et celui du Gouverneur général. Entre le souvenir approximatif de ce qu'a été cette femme, de ce qu'elle est réellement et de cet homme avec qui elle a vécu un désastre amoureux, ces textes nous dévoilent une poésie d'une rare densité où les jeux de l'amour s'effacent sous le poids de l'habitude.

on rapporte qu'elle serait trempée
tout à coup frileuse
que ses tissus depuis perméables
restent à la tête de l'homme
qui étend ses mensonges
comme autant de chemises
retrace ni sens ni couture
un cheveu de temps à autre
et tout le jour il se répète
qu'elle a fait ça pour du soleil
ou pour l'envers, un peu,
des déguisements

(*Douze bêtes aux chemises de l'homme*)

cette fille avait toujours
des idées dans la voix
balancées parmi ses robes
à qui passait chercher l'envers
des chambres littorales ou truquées

parfois aussi elle couchait son calme
sur quatre draps de promesses espagnoles
lentement dénouait ses rubans
pour y attirer ma chute
comme on ouvre l'enclos
de sa meilleure bête

(Douze bêtes aux chemises de l'homme)

sa routine sur nos erreurs
comme l'animal se traîne
l'arène appelle ses hommes
malgré les bruits du dortoir
pareille aux couleurs du sud
je ne suis pas pressée
j'ai déjà trois morts devant ma porte
on me regarde c'est sans importance
il n'y pas de huitième jour
pour réparer le désastre

(Douze bêtes aux chemises de l'homme)

il annonce le massacre prochain
d'un bestiaire aux couleurs difficiles
il pense traduire quelque chose
la démarche de tous ses exercices
filature ou lingerie
pour l'instant c'est exact
s'il faut une bête
pour le mythe et l'écartèlement
moi je peux faire comme si

(Douze bêtes aux chemises de l'homme)

Index des poètes
par ordre de présentation

Eudore ÉVANTUREL	2		Roger DESROCHES	82
Charles GILL	3		André ROY	84
Émile NELLIGAN	6		François CHARRON	85
Octave CRÉMAZIE	8		France THÉORET	88
Louis FRÉCHETTE	9		Madeleine GAGNON	90
Marcel DUGAS	11		Denis VANIER	94
René CHOPIN	13		Josée YVON	97
Albert LOZEAU	15		Normand De BELLEFEUILLE	99
Hector de SAINT-DENYS GARNEAU	17		Hélène MONETTE	101
Alain GRANDBOIS	20		Geneviève AMYOT	105
Anne HÉBERT	23		Nadine LTAIF	107
Alfred DESROCHERS	26		Claude PÉLOQUIN	108
Roland GIGUÈRE	28		Jean-Noël PONTBRIAND	111
Gilles HÉNAULT	31		Marcel LABINE	112
Gaston MIRON	33		Fulvio CACCIA	114
Paul-Marie LAPOINTE	39		Claude BEAUSOLEIL	116
Suzanne MELOCHE	44		Renaud LONGCHAMPS	119
Jean-Guy PILON	46		Yolande VILLEMAIRE	121
Fernand DUMONT	48		Robert MELANÇON	123
Fernand OUELLETTE	50		Marie UGUAY	124
Pierre PERRAULT	53		Marco MICONE	127
Jacques BRAULT	54		Gilles CYR	130
Paul CHAMBERLAND	58		Hélène DORION	132
Gérald GODIN	62		Alexis LEFRANÇOIS	134
Michel BEAULIEU	65		Denise DESAUTELS	136
Michel GARNEAU	70		Élise TURCOTTE	138
Pierre MORENCY	72		Louise WARREN	140
Raôul DUGUAY	74		Michael DELISLE	142
Nicole BROSSARD	76		Louise DUPRÉ	144
Gilbert LANGEVIN	80		Christiane FRENETTE	146
			José ACQUELIN	147
			Tony TREMBLAY	150
			Tania LANGLAIS	152

Index des poètes
par ordre alphabétique

ACQUELIN, José (1956) 147

AMYOT, Geneviève (1945-2000) 105

BEAULIEU, Michel (1941-1985) 65

BEAUSOLEIL, Claude (1948) 116

BRAULT, Jacques (1933) 54

BROSSARD, Nicole (1943) 76

CACCIA, Fulvio (1952) 114

CHAMBERLAND, Paul (1939) 58

CHARRON, François (1952) 85

CHOPIN, René (1885-1953) 13

CRÉMAZIE, Octave (1827-1879) 8

CYR, Gilles (1940) 130

DE BELLEFEUILLE, Normand (1949) 99

DELISLE, Michael (1959) 142

DES ROCHES, Roger (1950) 82

DESAUTELS, Denise (1945) 136

DESROCHERS, Alfred (1901-1978) 26

DORION, Hélène (1958) 132

DUGAS, Marcel (1883-1947) 11

DUGUAY, Raôul (1939) 74

DUMONT, Fernand (1927-1997) 48

DUPRÉ, Louise (1949) 144

ÉVANTUREL, Eudore (1852-1919) 2

FRÉCHETTE, Louis (1839-1908) 9

FRENETTE, Christiane (1954) 146

GAGNON, Madeleine (1938) 90

GARNEAU, Michel (1939) 70

GIGUÈRE, Roland (1929) 28

GILL, Charles (1871-1918) 3

GODIN, Gérald (1938-1994) 62

GRANDBOIS, Alain (1900-1975) 20

HÉBERT, Anne (1916-2000) 23

HÉNAULT, Gilles (1920-1996) 31

LABINE, Marcel (1948) 112

LANGEVIN, Gilbert (1938-1995) 80

LANGLAIS, Tania (1979) 152

LAPOINTE, Paul-Marie (1929) 39

LEFRANÇOIS, Alexis (1943) 134

LONGCHAMPS, Renaud (1952) 119

LOZEAU, Albert (1878-1924) 15

LTAIF, Nadine (1961) 107

MELANÇON, Robert (1947) 123

MELOCHE, Suzanne (1926) 44

MICONE, Marco (1945) 127

MIRON, Gaston (1928-1996) 33

MONETTE, Hélène (1960) 101

MORENCY, Pierre (1942) 72

NELLIGAN, Émile (1879-1941) 6

OUELLETTE, Fernand (1930) 50

PÉLOQUIN, Claude (1942) 108

PERRAULT, Pierre (1927-1999) 53

PILON, Jean-Guy (1930) 46

PONTBRIAND, Jean-Noël (1933) 111

ROY, André (1944) 84

SAINT-DENYS GARNEAU, Hector de (1912-1943) 17

THÉORET, France (1942) 88

TREMBLAY, Tony (1968) 150

TURCOTTE, Élise (1957) 138

UGUAY, Marie (1955-1981) 124

VANIER, Denis (1949-2000) 94

VILLEMAIRE, Yolande (1949) 121

WARREN, Louise (1956) 140

YVON, Josée (1950-1994) 97

157

Bibliographie

ACQUELIN, José, *Le Piéton immobile* suivi de *Passiflore*, Montréal, l'Hexagone, 1990, 93 p. [reproduit dans ACQUELIN, José, *Tout va bien* ; suivi de *Le Piéton immobile* et de *Passiflore*, Montréal, l'Hexagone, 2000, 177 p.].

AMYOT, Geneviève, *La Mort était extravagante*, Saint-Lambert, Le Noroît, 1975, 91 p.

AMYOT, Geneviève, *Dans la pitié des chairs*, Saint-Lambert, Le Noroît, 1982, 117 p.

BEAULIEU, Michel, *Oracle des ombres*, Saint-Lambert, Le Noroît, 1981, 134 p.

BEAULIEU, Michel, *Kaléidoscope ou les aléas du corps grave*, Saint-Lambert, Le Noroît, 1985, 149 p.

BEAULIEU, Michel, *Fuseaux*, Saint-Hippolyte, Le Noroît, 1996, 116 p.

BEAUSOLEIL, Claude, *Une certaine fin de siècle*, Saint-Lambert, Le Noroît, 1983, 346 p.

BRAULT, Jacques, *Mémoire*, Paris, Éditions Bernard Grasset, 1968, 108 p. [reproduit dans *Poèmes*, Montréal, Éditions du Noroît, 2000, 402 p.].

BRAULT, Jacques, *Moments fragiles*, Saint-Lambert, Le Noroît, 1984, 109 p. [reproduit dans *Poèmes*, Montréal, Éditions du Noroît, 2000, 402 p.].

BROSSARD, Nicole, *Double Impression (poèmes et textes 1967-1984)*, Montréal, l'Hexagone (Rétrospectives), 1984, 142 p.

CACCIA, Fulvio, *Aknos* suivi de *Sirocco*, d'*Annapurna* et d'*Irpina*, Montréal, Guernica (Voix), nᵒ 26, 1994, 193 p.

CHAMBERLAND, Paul, *Terre Québec* suivi de *L'Afficheur hurle* et de *L'Inavouable*, Montréal, l'Hexagone (Typo), 1982, 280 p.

CHARRON, François, *Du commencement à la fin*, Montréal, Les Herbes rouges, nᵒˢ 47-48, 1977, 60 p. [reproduit dans *La Vie n'a pas de sens* ; suivi de *La Chambre des miracles* et de *La Fragilité des choses*, Montréal, Les Herbes rouges, 1994, 189 p.].

CHARRON, François, *La Vie n'a pas de sens*, Montréal, Les Herbes rouges, nᵒ 134, 1985, 58 p. [reproduit dans *La Vie n'a pas de sens* ; suivi de *La Chambre des miracles* et de *La Fragilité des choses*, Montréal, Les Herbes rouges, 1994, 189 p.].

CHARRON, François, *La Fragilité des choses*, Montréal, Les Herbes rouges, n° 159, 1987, 49 p. [reproduit dans *La Vie n'a pas de sens* ; suivi de *La Chambre des miracles* et de *La Fragilité des choses*, Montréal, Les Herbes rouges, 1994, 189 p.].

CHOPIN, René, *Le Cœur en exil*, Paris, Georges Crès et Cie, 1913, 179 p.

CRÉMAZIE, Octave, *Octave Crémazie, poète et témoin de son siècle*, Montréal, Fides (Bibliothèque québécoise), 1988, 309 p.

CYR, Gilles, *Diminution d'une pièce*, Montréal, l'Hexagone, 1983, 69 p.

DE BELLEFEUILLE, Normand, *La Marche de l'aveugle sans son chien*, Montréal, Québec-Amérique (Mains libres), 1999, 114 p.

DELISLE, Michael, *Fontainebleau*, Montréal, Les Herbes rouges, 1987, 124 p.

DESAUTELS, Denise, *Mais la menace est une belle extravagance* suivi de *Le Signe discret*, Saint-Lambert, Le Noroît, 1989, 109 p., p.36.

DESROCHERS, Alfred, *À l'ombre de l'Orford* suivi de *L'Offrande aux vierges folles*, Montréal, PUM, Bibliothèque du Nouveau Monde, pp.211-212-214.

DES ROCHES, Roger, *Tous, corps accessoires (poèmes et proses 1969-1973)*, Montréal, Les Herbes rouges (Enthousiasme), 1979, 293 p.

DORION, Hélène, *Sans bord, sans bout du monde*, Paris , Éditions de La Différence, 1995, 117 p.

DUGAS, Marcel, (sous le pseudonyme de Tristan Choiseul), *Confins*, Paris, [s.é], 1921, 132 p. [reproduit dans *Poèmes en prose*, Montréal, Presses de l'Université de Montréal, 1998, 581 p.].

DUGAS, Marcel, *Paroles en liberté*, L'Arbre, 1944, 176 p. [reproduit dans DUGAS, Marcel, *Poèmes en prose*, Montréal, Presses de l'Université de Montréal, 1998, 581 p.].

DUGUAY, Raôul, *Lapokalipsô*, Éditions du Jour, 1971, 333 p. [reproduit dans *Nu tout nu : le rêveur réveillé*, Trois-Pistoles, Éditions Trois-Pistoles, 1997, 205 p.].

DUMONT, Fernand, *L'Ange du matin*, Édition de Malte, 1952, 79 p. [reproduit dans *La Part de l'ombre : poèmes, 1952-1995* ; précédé de *Conscience du poème*, Montréal, l'Hexagone, 1996, 215 p.].

DUMONT, Fernand, *Parler de septembre*, l'Hexagone, 1970, 77 p. [reproduit dans *La Part de l'ombre : poèmes, 1952-1995* ; précédé de, *Conscience du poème*, Montréal, l'Hexagone, 1996, 215 p.].

DUPRÉ, Louise, *Chambres*, Montréal, Éditions du remue-ménage (Connivences), 1986, 90 p., p.11.

ÉVANTUREL, Eudore, *Premières poésies 1876-1878*, Montréal-Paris, Leméac-Éditions d'Aujourd'hui (Introuvables québécois), 1979, 203 p. [reproduit dans *L'Œuvre poétique d'Eudore Évanturel*, Québec, Presses de l'Université Laval, 1988, 349 p.].

FRÉCHETTE, Louis, *Cent morceaux choisis…*, Montréal, [s.é], 1924, 240 p.

FRENETTE, Christiane, *Indigo nuit*, Montréal, Leméac, 1986, 60 p.

GAGNON, Madeleine, *Autographie 1. Fictions*, Montréal, VLB éditeur, 1982, 300 p.

GAGNON, Madeleine, *La Terre est remplie de langage*, Montréal, VLB éditeur, 1993, 119 p.

GARNEAU, Michel, *Moments*, Montréal, Danielle Laliberté, 1973, 66 p. [reproduit dans *Poésies complètes, 1955-1987*, Montréal, Guérin littérature, 1988, 768 p.].

GARNEAU, Michel, *Langage 6 : Les Petits Chevals amoureux*, Montréal, VLB, 1977, 74 p. [reproduit dans GARNEAU, Michel, *Les Petits Chevals amoureux*, Outremont, Lanctôt, 1999, 77 p.].

GIGUÈRE, Roland, *L'Âge de la parole*, l'Hexagone (Rétrospectives), 1965, 170 p. [reproduit dans *L'Âge de la parole : poèmes, 1949-1960*, Montréal, l'Hexagone, 1991, 169 p.].

GIGUÈRE, Roland, *Forêt vierge folle*, l'Hexagone (Parcours), 1978, 219 p. [reproduit dans *L'Âge de la parole : poèmes, 1949-1960*, Montréal, l'Hexagone, 1991, 169 p.].

GILL, Charles, *Poésies complètes*, Montréal, Hurtubise HMH, Cahiers du Québec, n° 117 (Documents littéraires), 1997, 283 p.

GODIN, Gérald, *Cantouques et cie*, Montréal, l'Hexagone, 1991, 207 p.

GRANDBOIS, Alain, *Poèmes inédits*, Montréal, PUM, 1985, 84 p.

GRANDBOIS, Alain, *Les Îles de la nuit*, Montréal, Typo, 1994, 88 p.

HÉBERT, Anne, *Œuvre poétique 1950-1990*, Montréal, Boréal (Boréal Compact), 1993, 165 p., p. 29, 43, 44.

HÉNAULT, Gilles, *Sémaphore* suivi de *Voyage au pays de mémoire*, l'Hexagone, 1962, 71 p. [reproduit dans *Signaux pour les voyants : poèmes 1941-1962*, Montréal, Typo, 1994, 167 p.].

HÉNAULT, Gilles, *Signaux pour les voyants: poèmes 1941-1962*, Montréal, Typo, 1994, 167 p.

LABINE, Marcel, *Carnages*, Montréal, Les Herbes rouges, 1997, 118 p.

LANGEVIN, Gilbert, *Le Fou solidaire*, Montréal, l'Hexagone, 1980, 72 p.

LANGLAIS, Tania, *Douze bêtes aux chemises de l'homme*, Montréal, Les Herbes rouges, 2000, 98 p.

LAPOINTE, Paul-Marie, *Pour les âmes* précédé de *Choix de poèmes: Arbres*, Montréal, Typo, 1993, 118 p.

LAPOINTE, Paul-Marie, *Le Vierge incendié* suivi de *Nuit du 15 au 26 novembre 1948*, Montréal, Typo, 1998, 171 p.

LEFRANÇOIS, Alexis, *Rémanences*, Le Noroît, 1977, 88 p. [reproduit dans *Comme tournant la page*, Saint-Lambert, Le Noroît, 1984, 2 vol.]. Vol. 1 p. 82.

LONGCHAMPS, Renaud, *Miguasha*, VLB, 1983, 106 p. [reproduit dans *Œuvres complètes*, Trois-Pistoles, Éditions Trois-Pistoles, 1999, 3 vol.).

LOZEAU, Albert, *L'Âme solitaire*, Montréal, Beauchemin, 1907, 224 p.

LTAIF, Nadine, *Élégies du Levant*, Saint-Hippolyte, Éditions du Noroît, 1995, 61 p.

MELANÇON, Robert, *Peinture aveugle*, Montréal, VLB, 1979, 85 p.

MELOCHE, Suzanne, *Les Aurores fulminantes*, Montréal, Les Herbes rouges n° 78 (janvier 1980) [reproduit dans En collaboration, *Imaginaires surréalistes, Poésie 1946-1960,* Montréal, Les Herbes rouges, 2001, 385 p.].

MICONE, Marco, « Speak What », dans *Jeu*, n° 50, mars, 1989. [reproduit dans MICONE, Marco, *Speak what; suivi d'une analyse de Lise Gauvin*, Montréal, VLB, 2001, 30 p.].

MIRON, Gaston, *L'Homme rapaillé*, Montréal, Typo, 1998, 257 p.

MONETTE, Hélène, *Le Blanc des yeux*, Montréal, Boréal, 1999, 146 p., p. 92, 141.

MORENCY, Pierre, *Poèmes de la froide merveille de vivre*, Québec, Éditions de l'Arc (Escarfel), 1967, 106 p. [reproduit dans *Quand nous serons: poèmes, 1967-1978*, Montréal, l'Hexagone, 1988, 256 p.]

MORENCY, Pierre, *Lieu de naissance*, Montréal, l'Hexagone, 1973, 47 p. [reproduit dans *Quand nous serons: poèmes, 1967-1978*, Montréal, l'Hexagone, 1988, 256 p.].

NELLIGAN, Émile, *Poésies complètes*, Montréal, Bibliothèque québécoise, 1992, 262 p.

OUELLETTE, Fernand, « Géants tristes », *Le soleil sous la mort*, Montréal, Typo, 1995, p 60.

OUELLETTE, Fernand, « Sanglots d'aile », *Poésie, Poèmes 1953-1971*, Montréal, Éditions de l'Hexagone, 1979. p.23.

PÉLOQUIN, Claude, *Le Repas est servi*, Montréal, L'Auteur, 1970, 123 p. [reproduit dans *Dans les griffes du messie : œuvres 1970-1979*, Montréal, Éditions Varia, 1998, 537 p.].

PERRAULT, Pierre, *Portulan*, Montréal, Beauchemin, 1961, 107 p. [reproduit dans *Chouennes : poèmes 1961-1971*, Montréal, l'Hexagone, 1975, 317 p.].

PILON, Jean-Guy, *Comme eau retenue (1954-1963)*, Montréal, l'Hexagone, 1985, 226 p.

PONTBRIAND, Jean-Noël, *Résonnances*, Saint-Hippolyte, Le Noroît, 1998, 69 p., p.9, 13.

ROY, André, *Les Passions du samedi*, Montréal, Les Herbes rouges (Lecture en vélocipède), 1979, 94 p.

SAINT-DENYS GARNEAU, Hector de, *Œuvres*, Montréal, PUM (Bibliothèque des lettres québécoises), 1971, 1320 p.

THÉORET, France, *Nécessairement putain*, Montréal, Les Herbes rouges, nᵒ 82, 1980, 52 p. [reproduit dans *Bloody Mary* ; suivi de *Vertiges*, *Nécessairement putain*, *Intérieurs : poésie*, Montréal, l'Hexagone, 1992, 192 p.].

TREMBLAY, Tony, *Rue Pétrole-Océan*, Montréal, Éditions des Intouchables (Poètes de brousse), 1998, 70 p.

TURCOTTE, Élise, *La Voix de Carla*, Montréal, VLB éditeur, 1987, 97 p.

UGUAY, Marie, *Autoportraits*, Saint-Lambert, Le Noroît, 1982, 76 p. [reproduit dans *Poèmes*, Saint-Hippolyte, Éditions du Noroît, 1994, 155 p.].

VANIER, Denis, *Renier son sang*, Montréal, Les Herbes rouges, 1996, 71 p.

VILLEMAIRE, Yolande, *Adrénaline*, Saint-Hippolyte, Le Noroît, 1982, 172 p. [reproduit dans *D'ambre et d'ombre*, Trois-Rivières, Écrits des Forges, 2000, 234 p.].

WARREN, Louise, *L'Amant gris*, Montréal, Triptyque, 1984, 80 p.

YVON, Josée, *Maîtresses-Cherokees*, Montréal, VLB éditeur, 1983, 132 p.

j'en sais trop
pour ne pas dire
les origines ...
par ce qui foudroie

nous) ...
de la dernière ...

La Bibliothèque nationale du Québec

est heureuse de s'associer à cet ouvrage

et de faire connaître l'expression

magnifique des poètes québécois.

Lieu de conservation et de diffusion

de toute la littérature publiée au Québec,

la Bibliothèque nationale est également

dépositaire de plus d'une centaine

de fonds d'archives privées en poésie.

mère, déjà que
mère, situation
de la descendance
viendra ce jour
je m'enfoncerai
de ma langue de
si nulle part plus

www.bnquebec.ca

ma ...
Emmanuelle
enterrez le corps
mon cadavre
là où il n'y a ni ...
mais où l'agneau ...

Avec l'appui de